★ 张国奎◎著 ★

好父母
引领男孩度过
叛逆期

延边大学出版社

图书在版编目（CIP）数据

好父母引领男孩度过叛逆期 / 张国奎著 . -- 延吉：
延边大学出版社，2024. 8. -- ISBN 978-7-230-07037-9

Ⅰ．G782

中国国家版本馆 CIP 数据核字第 2024HA7163 号

《好父母引领男孩度过叛逆期》

著　　者:	张国奎
责任编辑:	刘　浩
策划编辑:	刘锦平
封面设计:	许　涛
出版发行:	延边大学出版社
社　　址:	吉林省延吉市公园路 977 号
邮　　编:	133002
网　　址:	http://www.ydcbs.com
电　　话:	0433-2732435
传　　真:	0433-2732434
印　　刷:	优奇仕印刷河北有限公司
开　　本:	787mm×1092mm 1/16
字　　数:	45 千字
印　　张:	10
版　　次:	2024 年 8 月第 1 版
印　　次:	2024 年 8 月第 1 次印刷
书　　号:	ISBN 978-7-230-07037-9
定　　价:	46.80 元

如发现质量问题，请与出版单位联系调换。电　话:0433-2732435

男孩的青春期一般在 11—13 岁左右开始，18 岁左右结束。

在父母眼中，进入青春期的男孩仿佛是一夜之间就变了，变得与之前大不一样。这个阶段的他们身体和心理都发生了巨大的变化，他们变得令人难以捉摸，对父母亲密、依赖的态度逐渐变得冷漠和疏离，还伴随着各种令父母难以招架的行为。

他们不再对父母言听计从，常常喜欢挑战老师和父母的权威，甚至将父母视为"敌人"；越是父母要求的，越是不会去做，哪怕他们明知道这是对自己好的、正确的；情绪十分不稳定，容易暴躁、发怒，常常不注意场合就大喊大叫，乱发脾气；破坏性极强，非常容易通过乱扔、乱摔东西，甚至是伤害自己，来发泄自己的不满。与人产生冲突，对于青春期的男孩来说，更是常有的事。

很多父母常常会想，男孩的叛逆到底是他们的错还是自己的错？事实上，叛逆期是男孩心理发展的必然过程，既不完全是父母的错，也不能全部归咎于孩子。

男孩进入青春期后，身体上的各种变化，让他们拥有了实实在在的生理性自信，他们开始确切地感受到，自己已经不是个"小孩子"了。而且，在这个阶段，男孩的自我意识觉醒，这让他们开始寻求独立和自主，渴望展示自己的个性并希望获得更多自由空间。

叛逆，不过是男孩在经历一系列生理和心理上的变化之后，呈现出的一种外在表现而已。

父母要教男孩学会管理情绪。男孩进入青春期后，由于体内激素水平的变化，以及大脑前额叶发育不完善，很容易出现情绪不稳定、暴躁、失控等现象。父母要教孩子认识自己的情绪，并且学会管理和释放负面情绪。

父母要引导男孩合理利用网络，正确使用手机。男孩手机不离手和沉迷网络，其背后有着复杂的心理原因，父母要了解并深入男孩内心，知道原因后再对症下药，不要盲目地指责和控制男孩。否则，很容易引起男孩强烈的抵触情绪，适得其反。其实，手机归根结底只是一个工具，它带来的是好处还是坏处，关键在于怎么使用。引导男孩正确使用手机，会给他们的学习和生活带来很大帮助。

父母要帮助男孩远离"毒友谊"的危害，建立健康积极的朋友圈。同伴对于青春期男孩的影响甚至超过父母，一旦交友不慎，就可能耽误学业，甚至走上违法犯罪的道路。父母要帮助他们识别真假友谊，远离不良朋友。

父母要培养男孩良好的消费观，教他们正确认识攀比和虚荣。青春期的男孩可能会为了所谓的"面子"，而与别人攀比，形成超前消费的习惯。这大多与他们金钱观念的错误有关，只有早早给男孩树立起正确的消费观，才能让他们避免在欲望中迷失自己。

本书选取了青春期男孩最常见的行为和心理，包括青春期男孩的叛逆情绪、青春期男孩的异性交往、青春期男孩的早恋、青春期性心理等。不仅详细分析了青春期男孩叛逆的真相，而且提供了应对男孩叛逆行之有效的方案和对策。

男孩的叛逆期是危险的，却并非无解。本书是写给家长的亲子教养书，也是专为青春叛逆期男孩打造的成长指导手册。为青春保驾护航，让成长不再迷茫！

目　录

第三章　正确认识早恋，帮男孩建立正确的恋爱观

第四章　离不开的网络，教男孩合理利用

第五章　高质量社交，引导男孩分辨真假朋友

第六章　合理消费，培养男孩良好的消费观

第七章　积极沟通，用尊重和爱化解叛逆

第八章　不回避性教育，大方和男孩谈性

第一章

叛逆的本质，了解叛逆期的男孩

1 猛增的身高，让男孩充满叛逆的力量

　　男孩的青春期发育一般在 11—13 岁开始，比女孩约晚 18—24个月。男孩进入青春期后，生长激素分泌急剧增加，身高和体重增长迅速。很多男孩在小学五年级的时候还是个小孩的样子，初一时就已经跟爸妈一样高，甚至超过了他们。

　　当男孩看父母的视角从仰视变成了平视，甚至俯视，心理上也会发生微妙的变化。他会想："我现在跟爸爸差不多高了，那么我在其他方面是不是也和他差不多了？"
于是，他对父母的态度也会随之发生变化。就像在动物世界里，当父子两代的个头儿和力量都相近时，它们之间就形成竞争关系了。

　　童年时期，男孩对父母有一种天然的畏惧感、服从感，但是现在，它们全部消失了。高大的身体给了他们足够的自信，让他们有了和父母对抗的力量和底气。

　　男孩青春期是指男性个体在生

理上由儿童向成人转化的阶段。这是他们生长发育的第二个高峰期，生理上会发生巨大的变化。

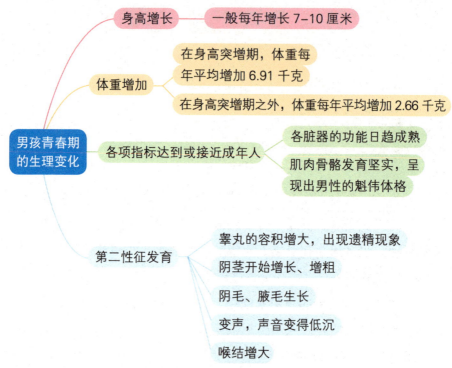

身体上的变化带给男孩的是实实在在的生理自信，这种自信来源于他们旺盛的精力、良好的运动能力和强大的复原能力。

青春期是男孩身体发育的关键时期，不仅新陈代谢加快，身体中的雄性激素含量也明显升高。有数据显示，青春期男孩的雄性激素分泌是幼年期的800倍。这导致他们浑身充满活力和能量，仿佛被打了"鸡血"，有无限能量需要释放。

另外，肾上腺素的快速分泌，也会使得男孩精神亢奋，每天都有用不完的精力，脑海里充斥着各种想法。

随着男孩肌肉骨骼的快速发育，以及神经系统的快速健全，他们的运动能力也会自然而然地大幅增强。运动能力强不仅意味着男孩基础的跑、跳、投能力越来越强，男孩的大脑在剧烈的运动中也会获得快感。这让他们主观上感受到的就是，自己的身体特别好，什么都能做，甚至有些男孩会觉得自己根本不会受伤。即便受点儿小伤，也会满不在乎，觉得没什么大不了。

这是因为，以青春期男孩新陈代谢的速度，他受的伤很快就能恢复。同样的伤，比如说脚腕扭了一下，或者是肌肉拉伤，以父母的年龄需要很长时间才能恢复，而对男孩来说，几天就没事了。这在另一方面也强化了他们的自信。

男孩的这种自信并非狂妄自大，而是他们确实感受到，自己已经不再是父母眼中的那个"孩子"，而是一个大人了。

那么，面对男孩巨大的生理与心理变化，父母应该怎么做呢？

转换角色，从领导到高参

男孩要通过青春期完成从儿童到成人的转变过程。为了帮助孩子顺利成为一个自信、独立的"大人"，父母也要转换角色，从全方位的领导角色转变成"高级参谋"的角色，让男孩成为"主帅"。

所谓"高级参谋"，就是对"主帅"男孩的种种表现，不轻率地给予批判或评价，而是与孩子多商量、多讨论。比如，遇事可以多分析几种可能性，剩下的就交给他自己做决定。

帮助男孩理解青春期的变化

男孩身体上的快速变化，也会给他们带来困扰和焦虑。父母可以在青春期来临之际，与男孩进行沟通，帮助他们认识到这些变化的正常性和自然性。

比如，爸爸可以与男孩讲述自己在相同年龄时的体验，包括初次遗精的感受、对女孩的想法和对性的认识等。让男孩明白这些变化是正常的，从而减少他们的焦虑和不安。

帮助男孩理解早发育和晚发育

早发育的男孩因为个子太高，晚发育的男孩因为"孩子气"，都可能受到同学的嘲笑。

父母要帮助男孩理解：每个人的身体发育节律都是由自己的体质特征和遗传因素等决定的。让他们明白，个体的发育具有独特性，不必与他人比较。鼓励男孩树立自信，相信自己的身体发育是正常的。

2 青春期的叛逆，是男孩自我意识的觉醒

男孩叛逆的源头，往往可以追溯到他们自我意识的觉醒。自我意识是指，一个人对自己的心理、思维及行为活动的自我体验、自我认识和自我评价。

随着大脑前额叶的发育，青春期男孩的思维能力逐渐成熟，他们开始独立思考，并对世界有了自己的看法，而这种看法可能与父母的看法背道而驰。青春期男孩自我意识的增强主要表现在质疑权威、打破规则、喜欢顶嘴、做事不计较后果。

这个时期的男孩倔强、固执，他们认为自己的想法、做法就是正确的，不喜欢听取他人的意见和看法。他们并不是想要标新立异，也不是故意和父母对着干，他们只是在发表"独立宣言"，宣告自己独立了。

一个人的自我意识并非是在某个阶段忽然出现或者形成的，而是经历了一个逐渐发展的过程，这个过程包括生理自我、社会自我和心理自我三个阶段。

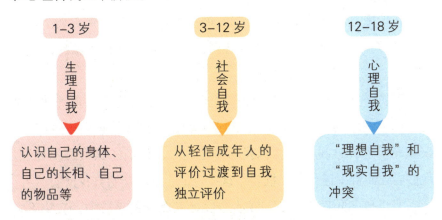

1–3岁	3–12岁	12–18岁
生理自我	社会自我	心理自我
认识自己的身体、自己的长相、自己的物品等	从轻信成年人的评价过渡到自我独立评价	"理想自我"和"现实自我"的冲突

青春期是自我意识迅速发展的时期，在这一时期，自我意识逐步分化出了"理想自我"和"现实自我"。理想自我，是理想中的自我形象，主要包括自己想要达到的目标，以及自己在别人心目中的位置。比如，当看见别人因为取得成绩而大受欢迎，自己就会产生"我要成为他那样的人"的想法，这种关于自我的未来设想就是理想自我。

现实自我，是指个人当前的实际状态，就是一个人的真实样子，包括自己在能力、品德等方面的实际表现。

由于自我意识显著发展，青春期的男孩经常将自我与他人，特别是与比自己强的人进行比较，现实自我和理想自我的矛盾就凸显出来了。而且，此时的他们认知发展水平和自我认识能力还不够完善，所以对很多事物，包括对自己都不能进行全面客观的认识和评价。

男孩一方面努力向理想自我靠近，一方面又为现实自我和理想自我的差距感到迷茫、痛苦、不安、焦虑、愤怒，进而产生深深的挫败感。现实自我和理想自我的差距越大，他们的挫败感就越强，他们会在痛苦中进行自我批判、自我否定，甚至开始自我憎恨。

当男孩陷入理想自我与现实自我相互撕扯的矛盾中，又缺乏必要的社会支持时，他们很可能无法完成青春期的一个重要课题——建立自我同一性。

自我同一性，是由发展心理学家埃里克森提出的，它是一种关于自己是谁，在社会上应占什么地位，将来准备成为什么样的人，以及怎样努力成为理想中的人等一系列社会认知。

同一性并不是在青春期才出现的，早在幼年时期，男孩就已经形成了自我感知。但是，青春期却是他们第一次有意识地回答"我是谁"的问题。

同一性包含四种状态。

①同一性扩散

未进行自我探索，未获得同一性（我不知道未来要做什么）。

②同一性延缓

正在进行自我探索，未获得同一性（我想要成为老师或律师，但我还没想好选择哪一个）。

③同一性早闭

未通过自我探索，获得同一性（我要当老师，因为我妈妈觉得我适合当老师）。

④同一性达成

通过自我探索，获得同一性（我喜欢唱歌，我想当歌唱家）。有清晰、明确的认识。

男孩自我觉醒的过程也是一场自我发现之旅，因为他们开始对自己的存在和内心进行思考，开始探寻自己的价值观、兴趣爱好以及未来的方向。这是一个迷茫和矛盾的阶段，但正是这种迷茫和无助，推动着男孩去寻找真正的自我。

自我意识觉醒是男孩迈向成熟的重要一步，为他们未来的成长奠定了坚实的基础。

那么，父母该如何给自我意识觉醒的男孩提供必要的支持呢？

给男孩一定的自主权

父母不要用自己的标准去处处约束孩子，在坚持原则和底线的基础上，要给予孩子充分的自主权和选择权。

比如，不要在小习惯上跟男孩较劲，包括：几点睡、什么时候吃饭、什么时候洗澡等。每个人都有自己习惯的一套行为模式，男孩越是被处处纠正，越容易"唱反调"，以彰显自己的尊严。

好，晚安。

晚安，我先睡了。你回屋的时候记得关灯。

以朋友的身份与男孩沟通

与男孩沟通时，以朋友的身份平等对话，用开放、非评判性的态度去倾听他们的想法和感受，会让他们知道自己是有人支持的，父母是站在他们这一边的。有效倾听比喋喋不休地讲道理更能打动男孩的心。

用正面激励替代负面惩罚

当男孩做出积极的行为时，不妨给予他们及时的表扬和奖励。这种正面激励能够满足他们的自尊心和被认同的需要，提升他们的自信心和做出良好行为的动力。

这些奖励可以是小的物品、赞美或者特权等。

3 读懂男孩叛逆背后的心理需求

男孩到了青春期，不再像小时候一样，一看到父母出门就会说："我也要去！"而是变成："别管我，我才不跟你们一起出去！"

比如"五一"放假，爸爸、妈妈准备带儿子出去玩几天，却怎么劝都劝不动。

儿子："才不跟你们一起出去旅游，我宁愿自己在家睡大觉！"

妈妈："放假5天，你难道要睡5天吗？"

儿子："我爱干什么，就干什么！"

爸爸："我们不放心你自己在家。"

儿子忽地一下从沙发上跳下来，脸都红了，大声说："不放心，不放心，有什么不放心的？！我又不是小孩儿！"

男孩进入青春期，似乎变了一个人，成了父母眼里"最熟悉的陌生人"。他们不再喜欢和父母一起出门，甚至不再愿意和他们交流，他们急于摆脱父母的监督与约束，做独立的自己。最为重要的是，他们的自尊心变得异常强烈，一言不合就感觉受到了极大的伤害。

自尊心，是一个人维护自己的人格尊严，不容许别人侮辱、歧视自己的心理状态。当一个人的自尊被侵犯，就会触发他的气恼、愤怒、怨恨等情绪。

有研究表明，一个人自尊心的萌芽在3岁左右时就出现了，之后，自尊心随着年龄增长而逐渐地增强。进入青春期后，自尊心的发展开始变得不稳定。具体表现如下。

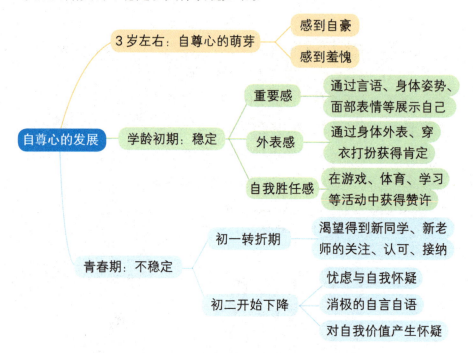

研究表明，从初二开始，孩子的自尊心开始显著下降，这可能和青少年的生理迅速发育成熟，以及学习、人际交往的压力增大等因素有关。

青春期，是男孩自尊心需求旺盛的阶段，如果这种需求得不到满足，他们就会变得自卑、自责，无法接纳自我，甚至会讨厌自己。在以下几个方面，他们的自尊心需求尤为强烈。

①自主权方面

男孩觉得自己长大了，他不希望父母再把自己当小孩子一样处处管着，所以他需要去做一些事来证明自己。比如，父母越不让他做的事，他越要去做。

②感受方面

青春期的男孩实际上非常渴望感受到爱，一旦让他们觉得父母对自己的爱有减少甚至消失的可能，他们就会通过各种行为来吸引父母的关注，哪怕会为此受到批评和斥责。这种情况通常可能发生在二孩或者多孩家庭里。

③隐私方面

青春期男孩想要保护隐私，这说明他们有了保护自己的意识。父母越懂得尊重他们的隐私，与他们的距离也就越近。

④话语权方面

如果男孩的意见和看法长期得不到父母的重视，他们就会感到在家里没有话语权，进而失去与父母交流的兴趣和意愿。这样，父母与男孩之间的代沟就会越来越深。

美国作家爱默生·艾格里奇在《养育男孩》一书中说："如果你只能给儿子一样东西，那就给他尊重。"因此，尊重是教育的前提，只有充分照顾到孩子的自尊心，才能减少男孩在青春期的叛逆。

那么父母如何才能满足男孩的自尊需要呢？

尊重男孩的意见

有时父母替孩子考虑，实质上是对孩子选择权的剥夺，更是一种把自己的意志强加给孩子的最直接表现。男孩有被尊重和信任的需要，尊重男孩的意见应该是：交流但不专制、沟通但不独裁。比如，在每一次做和男孩有关的决定时，多问他一句："你怎么想呢？"仔细思考他意见的可行性。

多引导，少训斥

面对同样的事情，父母的语气不同、态度不同，男孩的反应也会不同。因为比起父母所说的内容，他们更在乎的是父母的态度。

比如，当男孩刚刚进行了一次数学测试，而他的成绩不理想时，父母可以说："儿子，听说你这次数学测试不大理想，妈妈记得前几次你的数学考得都不错的，这次是哪里出问题了，你分析过了吗？要不要爸爸、妈妈帮你一起分析呢？"交流过程中，父母要尽量保持情绪平稳、态度和蔼，引导男孩自己去寻找解决问题的方法。

接纳男孩的行为结果

不对男孩的行为结果进行评判。举个例子：男孩见到熟人没有主动打招呼。父母可以试着说："打不打招呼是你的权利，也是你的选择，但是对于一个有素养的孩子来说，你应该表现出对长辈最基本的礼貌和尊重。"这样的引导能令男孩感到自己被接纳，而不是被批评和否定。

4　叛逆期的亲子较量，父母输才是赢

青春期叛逆的男孩，好像一个行走的"炸药包"，说不得骂不得，一点就爆，不是在自己房间里生闷气，就是在家里大喊大叫。

一位爸爸看到初三的儿子玩网游，一气之下，拔了网线，还打了儿子一巴掌。儿子也没有争辩，砰的一声关上房门，把门反锁了。

半天了，儿子也不肯出来，还威胁父母说自己要跳楼。无奈之下，爸爸只得选择报警。

虽然在警察的劝解下儿子打开了房门，但他对父亲的态度仍然很不友好。

美国心理学家鲁道夫·德雷克斯说："父母越控制，越容易陷入与孩子的权力之争。"所谓的"权力之争"，就是父母和孩子在争夺家庭中的话语权和主导权，争夺家中到底是谁说了算，到底听谁的。这种亲子间的较量，最后通常会导致两种结果。

①男孩叛逆非常明显

有的男孩会刻意地表现出对于父母的对抗和反叛，父母越是要求什么，他越是要拒绝什么，具有十分明显的叛逆行为。

②男孩自我压抑，看似十分"听话"

有的男孩过于懂事，压抑了内心的逆反情绪。这种情况很容易出现在家教严格的家庭中，父母或者长辈说一不二，控制欲过强，孩子没有反抗的机会，被训练成"懂事"的样子，养成了讨好父母的习惯。

对于束缚，一些青春期男孩的第一反应就是反抗。于是，权力的战争就爆发了，家庭变成了硝烟弥漫的"战场"，父母和孩子两败俱伤。如果男孩表面上被压制住了，那更危险。如果一个男孩长期受到来自父母的控制，他长大后很可能会成为一个懦弱的、没有主见的男人，或者他在有能力的时候，会用伤害自己的方式对父母实施"复仇"。

在这场亲子较量当中，如果家长表面上赢了，其实他们等于输得一败涂地。

为什么那个曾经乖乖听话的小男孩，进入青春期后就非常容易情绪激动，开始明目张胆地和父母对着干，变得无比叛逆和激进呢？

其实，青春期的孩子不能控制情绪，和大脑的发育有关。

在《认知觉醒》一书中，阐述了三重大脑理论，即本能脑、情绪脑和理智脑。

	主管功能	发育顺序
本能脑	主管本能，如猎食、逃跑、繁殖等	2 岁左右发育成熟
情绪脑	主管人的喜怒哀乐、食欲和性欲	12 岁左右发育成熟
理智脑	负责思考、判断、认知和控制情绪	22 岁左右发育成熟

男孩在青春期时，情绪脑已经发育成熟，所以他们拥有强烈的情感感知能力。但是，掌握着理性的理智脑还没有发育完全。

理智大脑主要由大脑的前额叶皮质区域组成，包括额叶前部和额叶顶部。这些区域和高级认知功能密切相关，如逻辑推理、计划决策等。理智大脑通过分析信息、比较选项和评估后果，最终帮助人们做出明智的决策。理智大脑也帮助人们在复杂的情景下，通过逻辑思考和理性分析来控制和管理自己的行为。

青春期男孩的理智大脑发育不完善，这意味着他们更倾向于感情用事，而不善于做出理性判断并控制自己的行为。比如，在被诱惑进行一些冒险行为时，他们往往不会衡量可能会出现的可怕结果，而是选择冲动去尝试。再比如，受到负面刺激时，他们也不会理智地控制自己，反而可能会情绪失控地做出不理性的行为。

青春期正是大脑发育不稳定的阶段，而该阶段的男孩同时又会面临生理变化、学业压力、社会关系、自我形象等问题。这些问题交织在一起，会给大脑带来更大的压力。所以，他们的情绪失控、冲动行事，并非出于故意，而是身不由己。

那么，面对青春叛逆期的亲子较量，父母该如何做呢？

退一步

男孩进入青春期，父母学会退一步，反而能拉近和孩子的心理距离。

比如，一个初二的男孩趁假期偷偷在左耳的耳骨上扎了个耳洞，结果耳朵发炎了，又红又肿。妈妈发现后，没有责难，只是笑着、温柔地问他为什么突然想去打耳洞，当得知他是看了一本小说，感觉扎耳朵的男孩很酷时，妈妈说："就算没有耳钉，你在我心里也是最独特、最酷的小伙儿。"

然后，妈妈带他去医院拿了药，还另外给他买了一对亮晶晶的耳钉。

从那以后，男孩再没做过标新立异的事情。

青春期男孩看似斗志昂扬、无坚不摧，其实他的内心是柔软的，需要呵护和关爱。

冲突过后及时道歉

冲突是不可避免的，不过冲突后的关系修复却非常重要。每次冲突过后，父母要及时向男孩道歉或解释原因。同时，也要承认自己的错误，表达对孩子的歉意。这样做不仅能缓解紧张的气氛，还能让孩子感受到父母的真诚和关爱。

第二章

疏导情绪，培养沉稳冷静的男孩

1 情绪平和的父母，才能养出情绪平和的男孩

李玫瑾教授说："要想孩子脾气好，妈妈必须脾气好。"孩子的情绪通常会受到父母的影响。如果父母的情绪不稳定，孩子的情绪也会跟着不稳定。特别是男孩进入青春期后，父母更要沉得住气，尽量不与孩子发生冲突，让孩子情绪稳定地度过青春期。

胡适的母亲冯顺弟在胡适父亲去世后，经常受胡适哥哥、嫂嫂们的气，日子难过。好在她气量大、脾气好，都能坦然面对。而胡适小时候心眼多、爱闯祸，但无论他闯多大的祸，母亲都从来不在外人面前训斥他，也从不说一句伤害胡适自尊的话。

妈妈，我知道错了。

白天你有件事做得不太好，是不是因为……

母亲平和而稳定的气质，深深地影响着胡适。在耳濡目染之下，胡适待人也是和和气气，懂得宽恕和体谅别人。

孩子是最敏锐的观察者，他们会用眼睛洞察，用耳朵去倾听，用行为去模仿。心理学上有一个词语叫"仿同"。仿同是人的一种潜意识行为，人们会不自觉地模仿他们所仰慕的人。我们经常说，孩子是父母的翻版，就是因为他们会把父母的个性和特点不自觉地吸纳为己有，并表现出来。

孩子模仿父母的三个阶段

阶段	年龄	表现
机械模仿	2—8岁	父母的一切言谈举止都投射到孩子身上
意义模仿（也叫下意识模仿）	8岁以上	孩子会刻意模仿父母的言行，但又缺乏判断力
创造性模仿	年龄逐渐增大	孩子会在自己的认知基础上去模仿父母

父母表达情绪的方式，就是给孩子的行为示范。如果父母总是失控发脾气，孩子就会错误地认为"大声就能解决问题"，进而逐渐养成易怒的性格。当男孩进入青春期，由于他大脑的前额叶皮质发育尚不完全，本就缺乏自我控制的能力，很容易情绪化，父母的坏情绪就会更加火上浇油。

面对青春期的男孩，父母如果情绪稳定，说明他们有很好的克制力，不会轻易地暴怒、狂喜，也不会轻易地迁怒于孩子。和这样的父母在一起，男孩会感觉自己是安全的，不用担心无缘无故被责骂，也不用担心不小心犯错会让父母勃然大怒。父母情绪平和，孩子的状态也会放松，做什么都会乐观、积极。有研究发现，父母情绪稳定，才能更好地与孩子进行交流和互动，更容易与孩子建立亲密关系，让孩子感受到被爱和被支持。

在电视剧《小欢喜》里，杨杨最后可以说是黑马逆袭，他之所以从叛逆到成熟、独立有主见，能够对自己负责，离不开他妈妈刘静的好脾气。刘静从来没有对杨杨发过脾气，所以杨杨对妈妈的态度始终都是恭敬的。

青春期的男孩，在生理和心理上都处于急剧变化的阶段。当男孩的情绪汹涌如惊涛骇浪时，父母稳定的情绪就是"定海神针"，可以帮他们平稳度过这个特殊的成长期。

那么，父母在和青春期男孩相处时，要如何才能保持情绪的稳定，帮助他们度过这个动荡的人生阶段呢？

进行平行交谈

父母一本正经地坐下来与孩子交谈，很容易给孩子压力，使得孩子无法坦率自然地表达自己的想法。所谓平行交谈，就是选择日常活动中比较放松的时刻进行沟通。因为重点是活动，亲子沟通只是随便聊天，没有拘束和紧张，所以更容易敞开心扉。

一位父亲每个周末上午都会和13岁的儿子去打网球，他说："打网球休息的时候，我们会随便聊天。他会说说学校的老师、同学，因为不是严肃的谈论，儿子兴致很高，叽叽喳喳就像回到了他小时候。儿子很喜欢这种形式的谈话，儿子的情况我都是在这种情况下了解的。"

用爱和耐心去安抚

父母要做青春期男孩的情绪教练，用爱和耐心安抚他，用智慧的语言帮助他疏导情绪，度过青春期的情绪危机。

当青春期男孩情绪激动甚至失控时，父母需要用足够的耐心和爱去安抚。

把命令改为商量

命令式的话语，青春期的男孩一听就会烦躁，甚至炸毛。父母不妨把命令改为商量，如"你打算怎么做呢？""你有什么好的建议吗？""你的想法是？""你觉得这样做可以吗？"以研究和探讨的语气和孩子商量，男孩会感觉到被尊重，就会放下对抗的情绪。而且以商量的语气去沟通，即使没有达成一致，感情氛围也依然融洽，这有利于以后的沟通。

换个角度看孩子的问题

青春期男孩并非故意找碴儿激怒父母。他们在我们眼里所谓犯的错，并不是真正的错误，而是与年龄相称的行为。《正面管教》一书这样描述孩子的错误："成年人常常会和孩子一样缺乏知识、意识和技能。如果我们把孩子的不良行为看成是'因失望而产生的行为'、'缺乏技能的行为'或'发展适宜性行为'，我们就可以重新认识不良行为。"也就不会和孩子较劲儿，生气了。

2 先接纳情绪，再引导行为

青春期男孩最明显的特征便是情绪不稳定，无法控制住自己，时常通过与周围人的吵闹行为进行宣泄。想要解决他们的情绪问题，父母要先接纳他们的情绪，才能引导他们理解和处理自己的情绪。

男孩进入青春期，常常会莫名其妙地烦躁，一点儿小事就能点燃他的情绪，争吵、叫骂，甚至砸东西。这不是男孩变坏了，或者生病了，他只是需要更多理解和关爱。

一位妈妈在儿子气得要发飙时，做了一个表示停止的动作。然后，她看着仍然气鼓鼓的儿子，柔和地说："儿子，先别生气，生气容易长痘痘。妈妈理解你的心情，但是生气是拿别人的错误惩罚自己。如果你真的无法控制，可以大声喊出来……"她走过去，拍拍儿子的肩膀，安抚他的情绪。过了一会儿，儿子安静了下来。

> 儿子，妈妈理解你的心情，但你先别生气，生气容易长痘痘。

青春期男孩最大的特点就是"易燃易爆"，情绪"易燃"，外在行为也像炸药一样，一点就炸。他们的情绪通常具有以下几种特点。

①强烈性：容易冲动，对很多事情反应十分强烈。

②不稳定性：时高时低，容易走极端，上午好好的，下午就闷闷不乐。

③定型性：自我意识逐渐发展，爱憎分明。

④心境化：可能因为某些事情导致长时间的心情郁闷。

⑤表现性：出于从众心理或其他目的，情绪上可能带有表演痕迹。

为什么青春期男孩的情绪会如此高低起伏呢？究其原因，这个阶段的孩子面临着生理、心理和情感方面的巨大变化，同时还要面对学业和社交等外界的刺激和压力，内心可能会涌现出各种负面情绪。

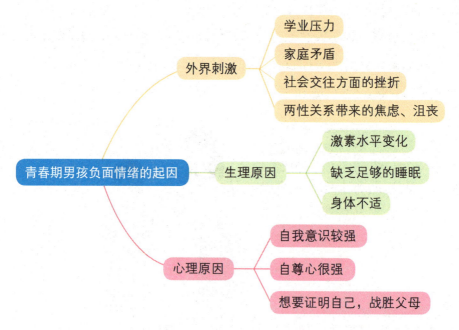

一般来说，父母和青春期的孩子发生矛盾，大多是因为父母不了解这个时期孩子的特点。孩子在青春期身心会出现剧烈的变化，他们需要时间来适应这个变化，并且迫切需要认同。

孩子需要的认同，包括情绪认同和观点认同。

所谓情绪认同，是指一个人在情感上与他人产生共鸣的过程。当两个人产生情绪共鸣时，他们的情绪会发生相似的变化，会感到满足感，从而更加愿意和对方沟通，彼此的关系会因此更亲密。

亲子之间的情绪认同，包括用语言反馈男孩的情绪，比如"我知道你很难过""如果是我，我也和你一样生气"。也包括用身体语言和眼神表达关心和同理心，比如，和孩子保持眼神接触，给他一个拥抱等。

观点认同，则包括倾听孩子的想法，并认可他的观点。哪怕并不完全认可，但也要就某一部分表达自己的肯定和支持。比如，男孩说："谁愿意当班长？得罪人不说，还耽误学习。"我们可以说："初中课程多，任务重，当班长杂事多，确实会耽误学习。当班长既然有坏处，那你觉得有没有好处啊？"听了这样的话，男孩肯定不会烦躁，而是会理性思考你的问题。

认同，会化解男孩内心的焦虑、沮丧和愤怒，让他们收起身上的"刺"，愿意听听父母的建议。

那么，父母该如何接纳并引导青春期男孩的负面情绪呢？

肯定和理解孩子的情绪

孩子有了坏情绪的时候，可能他并没有意识到自己正处在情绪之中，也不知道该怎样去表达情绪。他们并不是不懂得道理，只是一时被情绪所困。如果父母能肯定他们的感受，让他们知道自己是被理解的，那么父母接下来的话、提出的建议和要求，他们就更容易而且乐意去接受。

了解情绪背后的原因

父母往往不知道孩子为什么情绪不好，这时候就需要引导孩子说出产生负面情绪的真实原因。比如，当孩子放学回家，生气地说不想上学的时候，父母不要急着指责孩子"你这孩子怎么这么不懂事？""你初中都不毕业能干啥？"等。一般来说，孩子说不想上学，并不是真实的意图，而是隐藏着其他潜台词。可能是压力大，感觉太累了，也可能是在学校和同学闹矛盾了，或者是在学习上遇到了困难。不妨诚恳地问问孩子"发生什么事了？愿意和妈妈说说吗？"

引导孩子说出来，也是一种情绪发泄，可以帮助孩子有效地缓解负面情绪。

制止孩子不理性的行为

当男孩做出一些不理性的行为，比如毁坏物品、打骂别人、发出噪声影响别人时，父母对此要坚决制止，还要告诉他们什么事情能做，什么事情不能做，哪些行为是不能被容忍的，哪些后果是他们无法承受的，这样孩子就不会因为坏情绪做出出格的举动。

3 教男孩正确面对自己的情绪变化

青春期男孩的情绪就像过山车一样波动，时而突然情绪爆发，时而突然沉默寡言。他们前一天可能兴高采烈，第二天却变得烦躁易怒，连他们自己都不明白为什么会这样。

在《朗读者》节目中，著名作家麦家袒露，他的儿子有长达三年的时间拒绝和他交流。他说儿子在初二的某一天，突然就关上了房门，除了吃饭和上洗手间外都拒绝开门。任何人都不得进入他的房间，否则他就离家出走。儿子的心里好像总是有一种莫名的愤怒，只要和他交流，就会发生冲突，他们也不再交流了。

面对叛逆期的儿子，麦家穷尽办法都无法改善和儿子的关系，只能小心翼翼地陪伴儿子，让关系逐渐缓和。多年后，他提起那段时光还会感慨"伴子如伴虎"，那种感觉既痛苦又胆战心惊。

男孩进入青春期之后，很容易受到外界的刺激而引起情绪的波动。这些情绪的变化是正常的，但是对父母来说，如何理解和应对这些情绪可能会是一个挑战。在这之前，父母要先了解他们情绪变化的种类。

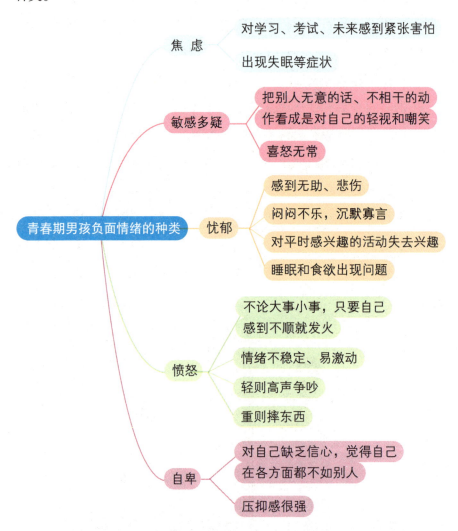

青春期男孩的身心变化都很剧烈，他们面对这种变化需要时间来适应，在这个过程中肯定会产生情绪的波动。孩子的叛逆、烦躁、不安、无助、沮丧、自卑等情绪，都是他们成长中必经的过程。父母若能够接纳他们这个阶段的情绪波动，就能更好地帮助他们。

著名心理学家乔纳森·海特在《象与骑象人》中指出："人的心理可分为两半，一半像一头桀骜不驯的大象，另一半则是理性的骑象人。如果骑象人能够正确引导大象的话，人就有可能找到通往幸福的道路。"

父母如果能够帮助孩子学会管理和控制自己的情绪，他们的情绪就会变得更稳定，孩子才能更好地成长。

让孩子把情绪说出来

父母要告诉孩子，只要有了情绪，就要把它说出来，只有勇敢地把自己的情绪、感受和想法表达出来，彼此才能沟通和理解。比如孩子因为父母问东问西而反感，父母就可以让孩子把自己的想法说出来。

帮助孩子转移注意力

假如一时很难调节好情绪，父母可以教孩子做些事情转移注意力，消解他的情绪。比如，让孩子去做一些喜欢的事情，像是看书、画画、看电影、听音乐等；做一些缓解压力的活动，如做运动等。

如果是周末或者假期，可以带孩子去爬山，鼓励孩子在山顶对着远方大喊，喊出内心的郁闷。

给孩子冷静的时间和空间

孩子情绪激动时，很可能完全听不进去父母的话。这时候可以给他们找一个安静的地方，比如，让他们回自己的房间或是去某个角落里，先冷静一会儿，消化掉自己的情绪，等情绪过后再谈论问题。

4 心理按摩，帮孩子排解压力焦虑

压力是指某些事件或者环境刺激引起的紧张和焦虑等不适的感觉，它是人体对不良外界刺激和伤害的一种生理反应。男孩进入青春期后，会面临学业、人际关系等多方面的压力，并为之困扰。

青春期男孩面临的最大压力当属学业压力，比如，老师布置的作业多，初中与小学相比，学科明显增多，作业量自然也是倍增，不少孩子需要熬夜才能完成。

当然，学业压力还仅仅是男孩面临的压力中的一种。下面，我们来认识一下，青春期男孩所面临的压力共有哪些？

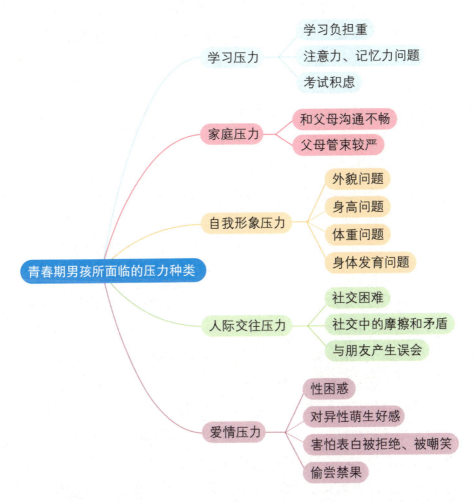

如果是适当的压力，对男孩是有好处的。比如，可以促进他们集中注意力，让思维变得敏捷，还能挖掘他们的潜能，增强积极性。

但是如果压力过大时，就不利于他们的身心健康。

当压力超过了孩子的承受能力时，男孩就会出现萎靡不振、注意力分散、情绪波动大、兴趣减退等问题，还会出现厌学、逃学、食欲不振、失眠等状况，严重时会导致抑郁症，影响正常的生活和学习。

而压力多大算大，多小算小？这并没有一个恒定的标准。因为同样的压力，放在不同孩子的身上，他们感受到的压力程度是不同的，这与孩子的个性特质有关。有两种男孩对挫折、压力比较敏感。

①自卑的男孩：他们自我肯定不足，自我的评价全靠外界来决定，喜欢自责，自己瞧不起自己，容易有挫折感，心理压力大。

②自我要求高的男孩：他们给自己制定的目标很高，常常超出自己的实际能力，对结果的成败又非常看重，因此会感到压力大。

另外，孩子感受的压力和身边人的反应也有关。在心理学上，有一个有趣的"两只小鸡"实验。

当一只小鸡被惊吓时，它会吓得僵住、装死。大约1分钟后，又会重新起来。

当两只小鸡同时被惊吓，它们会吓得一起装死，时间持续约5分钟，才会起来活动。

当一群小鸡在一起，只惊吓其中的一只小鸡，结果被吓得小鸡仅仅在地上躺了几秒钟，就起来活动了。

实验结果证明，受到惊吓的小鸡会通过旁边的同伴来判断自己所处环境的危险程度。所以，当男孩受到外界刺激而感受到压力的时候，也会受父母或身边人的反应而影响。如果父母的反应更为强烈，比如，更加焦虑和害怕，孩子就会由此判断自己比较危险，从而恐惧得不敢站起来。相反，如果父母没有任何惊恐，一切表现如常，那么他就会觉得没什么大不了，很快恢复过来。

一位妈妈分享了陪伴初三的儿子休学再复学的故事。

儿子在家休养了小半年，终于答应重返校园。第一周还算顺利，第二周来了新的数学老师，提了一个比较简单的问题，让儿子站起来回答，儿子没答上来，老师就批评了他几句。本来批评的也不算重，但儿子还是崩溃了，在课堂上大哭。后面的课没法再上，班主任只好叫我们来把孩子接走。

回到家，我没有对此事做过多的评价，只是轻描淡写地对儿子说："儿子，没什么大不了的，等你感觉好了再去上学。"我还告诉他，紧张、害怕都是正常的情绪，每个人都会有。

结果，儿子比预想的要乐观，他说："妈妈，那我明天去上学吧，我得赶紧把落的课补回来。"

就这样，儿子顺利度过了复课的第一阶段。

当遇到危机时，我们的眼睛里都是紧张和害怕，语言更是夸张，孩子难免受到影响。我们要在孩子面前乐观、从容，正面影响孩子，让他迅速恢复常态。

男孩进入青春期后，虽然身体逐渐成熟，但是人生阅历仍然不足。这就导致他们大多不能够自行排遣内心的紧张和不安。那么，父母应该如何帮助他们疏导心理压力，提高今后应对压力的能力呢？

保持张弛有度

如果让孩子像一个上了发条的闹钟，没有一刻停歇，紧张的弦早晚会崩断。越是压力大的时候，越是要放松。比如，在紧张的备考期，可以引导孩子进行放松活动，听听音乐、听听相声、看看笑话书、去郊外野餐等。丰富多彩的生活，会给男孩提供能量，让他保持良好的心态和积极的状态。

笑死我了！哈哈哈哈……

中国近代杰出的启蒙思想家和教育家梁启超先生写信提醒儿子梁思成，在繁忙的学业中要学会张弛有度，避免因为学习导致生活单调乏味。他说："我怕你因所学太专门之故，把生活也弄成近于单调，太单调的生活容易厌倦，厌倦即为苦恼乃至堕落之根源。"

鼓励孩子找人倾诉

倾诉是一种释放压力的好方法。当孩子有痛苦和烦恼时，父母要鼓励他们向别人倾诉，倾诉对象可以是父母、亲朋好友，也可以是同学。与人交流能够减少孤独的感觉，这能有效地缓解心理压力。在交流的过程中，他们还可以倾听别人的意见，供自己参考。

5 为孩子提供高质量的情绪价值

孩子因为学习而焦虑的时候，父母不明白他有什么可焦虑的；孩子表示自己在学校被孤立时，父母觉得孩子太矫情；孩子说自己失眠的时候，父母认为孩子半夜在玩手机。慢慢地，他们不再向父母袒露自己的内心和情绪。面对父母的关心，他们会用"挺好的"

糊弄过去。

青春期的男孩也有倾诉的需要，但是越来越多的孩子却不愿意对父母倾诉。归根结底，是因为他们曾经敞开心扉，试图向父母倾诉自己的苦恼，得到的却是漫不经心的说教和敷衍。正是这些没有得到的情绪价值，让亲子关系逐渐疏远，让孩子关闭了心门。

情绪价值是一种能引起正面情绪的能力，它能够给人带来愉悦和舒适的感觉。人是受情绪支配的动物，每个人都需要情绪价值，孩子也一样。

孩子的成长需要稳定的家庭环境和氛围，父母能够提供情绪价值，往往就能够营造出一个温暖、和谐的家庭。孩子在这种环境下成长，他能更自由地表达自己的想法，成为一个开朗自信的人，他也会更加关注别人的情感和需求。在亲子关系中，父母越是善于提供情绪价值，孩子在家庭中就越会感到幸福，家庭关系也会更加融洽。

电视剧《小欢喜》中，方一凡在高三学习非常紧张的情况下，仍然一个人在房间里面练习跳舞，爸爸方圆看到后不但没有阻止他，反而和他积极地交流了起来。方圆知道方一凡喜欢跳舞，他的天赋不在学习上，所以当方一凡提出想要参加艺考的时候，方圆不但没有反对，反而想尽各种办法支持他，即使家庭遇到经济危机，也不愿意让方一凡和理想失之交臂。在这样的家庭成长起来的方一凡，努力、上进、有自信，他和父母的关系也非常融洽。

父母能够提供情绪价值，孩子的幸福感会更强。总是给孩子正向的反馈，孩子的情绪和心理才会受到爱的滋养。这不仅能提升孩子的情绪状态，还能帮助孩子学会如何面对困境，提升幸福感。正面的情绪价值能给孩子带来阳光、幸福、快乐的人生。

父母能够提供情绪价值，还能够提高孩子的情商。情绪表达能力能够帮助孩子更好地与他人沟通，达成理解。孩子的情绪表达能力主要是从父母身上学到的。有情绪价值的父母能够通过"言传身教"，让孩子学会通过合适的方式来表达自己的情绪，既不压抑情绪，也不过分地发泄情绪。他们能够理解自己的情绪，进而学会更好地掌握自己的情绪。

当孩子向父母倾诉、抱怨的时候，当孩子感觉难过、害怕的时候，他们最需要的是父母在情感上的共鸣。他们最想从父母那里得到的是爱、温暖、接纳、信任和支持。父母除了要给孩子提供好的物质条件之外，还要注重情感和精神上的交流和沟通，这比任何教育都要好。

那么，父母要怎么做才能给孩子提供正面的情绪价值，给他们力量和勇气呢？

孩子取得成绩时，要给予肯定和赞美

当孩子取得一些成就之后，哪怕只是很小的成绩，父母也要及时地给予肯定和赞美，这有助于增强孩子的自信心和积极性。他们会觉得努力是有用的，下次会自觉地想要做到更好。比如，孩子成绩比上次进步了5分，可以夸夸孩子，表达对孩子努力的认可，看到孩子取得进步的不易，让孩子真心为自己的进步感到高兴。

厉害！语文能进步这么多，是很不容易的。

妈妈，我语文这次比上次进步了5分。

孩子遇到困境时，要给予安慰和鼓励

当孩子遭遇失败和困难，比如，在学习上和人际交往中遇到一些问题，失去信心和勇气时，父母的安慰和鼓励是他们最需要的"强心剂"。有了父母的支持，孩子才能够更快地摆脱低落的情绪，勇敢地再次面对挑战。

比如，当孩子和朋友发生矛盾，并为此而烦恼时，父母可以和孩子说："和朋友在一起发生矛盾很正常，你要是还想要这个朋友，就主动去找他。"

孩子有情绪时，要耐心倾听并给予回应

沟通之道，多半在倾听。当孩子向父母倾诉的时候，父母的耐心倾听就是一种支持。孩子可能还不太会处理自己的情绪，这时候就需要父母给予正面的回应。接住孩子的情绪，并听懂情绪背后的语言，让孩子知道父母听到了自己的需求，感受到自己被理解，孩子的情绪就会逐渐平静下来。而且当他以后看到别人有情绪时，也会用同样的方式去理解和共情。

第二章

正确认识早恋，帮男孩建立正确的恋爱观

1 不要慌，早恋不是洪水猛兽

俄罗斯著名教育家苏霍姆林斯基说："中学生中出现早恋，并不是一件卑鄙无耻的事，它只是说明一个人的生理和心理又向成熟迈进了一步。"早恋是青春期心理变化的正常反应，但很多父母却把它当成了洪水猛兽。

小志就读于某重点中学，他和同桌因为朝夕相处，互生好感，不知不觉地谈起了恋爱。小志的期末成绩因此下降不少，妈妈发现他早恋，勃然大怒，左右开弓就给了儿子几个耳光。然后，她还偷偷跟踪儿子，发现儿子和女生在一起，就指着女生的鼻子破口大骂。她以性命威胁儿子和女生分手，儿子无奈同意，却一直郁郁寡欢，对学习失去了兴趣。

跟踪、控制等硬碰硬的手段，只会导致亲子矛盾升级，使原本正常的事态失去控制。其实，早恋并不等同于过早谈恋爱，它只是男孩进入青春期，对女孩产生的一种微妙的好感。这种好感就像人饿了就想吃东西，渴了就要喝水，困了就要睡觉一样，是一种自然反应。

　　而且，青春期的"早恋"并不是正式的男女恋爱。这可以从男孩早恋行为所表现的特点上看出来。

　　青春期男孩"早恋"行为表现出的特点。

　　①无选择性：标准就是女孩漂亮、活泼

　　②盲目性：偶然相遇，一见钟情

　　③模仿性：看别人谈，我也要谈

　　④叛逆性：越是反对，越要尝试

　　发现孩子早恋，父母谈虎色变，一惊一乍，只会引起孩子的过度关注，甚至叛逆。父母认可宽容的态度，反而会降低孩子的戒备心，让这件事平稳过去。

　　一位妈妈发现初二的儿子突然开始对自己的服饰、发型很在意。有一次，她洗衣服时，在儿子的裤袋里发现一张纸条，是儿子写给一个女生的"情书"。

　　妈妈心里一惊，但未动声色。第二天，在发现儿子对着手机笑的时候，妈妈随口问："和女朋友聊天呢啊？"

　　儿子吓了一跳，支支吾吾半天说："你怎么知道的？"

　　妈妈拍了拍他的头说："哎呀，我儿子真是长大了嘛，都有喜欢的女生了。"

　　儿子放松下来，居然还和妈妈聊了聊自己喜欢的女生。

　　青春期异性间的吸引与好感多是懵懂的、纯真的，和成年人之间的恋爱有着本质区别。

真高兴，我儿子长大了啊。

有心理专家认为，早恋这个词是不科学的。在心理学上，这种感觉被称为"青春期情感"或"青春期情愫"。它的萌发是青春期生理和心理的变化导致的。

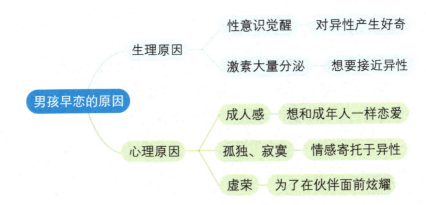

歌德说："哪个少男不多情，哪个少女不怀春。"青春期男孩有了喜欢的女孩，实质上是对一种美好事物的追求，想要与自己喜欢的人分享和倾诉。这种少年的情愫，对男孩成长有着至关重要的作用。比如，男孩在有了喜欢的女生后，会变得更加勇敢、果断，学会关心和爱护对方，也会变得更有责任感。

有研究显示，青春期男孩的恋爱热情大约只能持续6个月。如果让它在阳光下自然发展，到了时间它就会慢慢消逝。父母要改变对早恋的看法，这也能帮助孩子正确对待这份懵懂的情感。

那么，如何帮助男孩正确面对早恋呢？

告诉孩子他的表现是正常的

很多男孩正在面临早恋的难题。他们既想"放纵"自己，又在内心谴责自己，同时担忧是否会被老师和家长发现，这反而影响他们的学习和生活。我们可以理性地告诉孩子，对异性产生好感是一件很正常的事情，喜欢别人和被别人喜欢都不是什么错误。

比如，和他说，"在你这个年龄对异性产生好感很正常，爸爸、妈妈都经历过的，这只是人生的一段小插曲，你不用担心，爸妈会帮你的。""我培养了一个很优秀的儿子，有女生喜欢你很正常。"

鼓励孩子与同学正常交往

许多孩子的情感来自自己的想象或对他人特质的欣赏。深度交往可以帮助他们更好地理解自己的情感，比如是爱、是喜欢，还是只是好感而已，而不是只局限于自己的认知。另外，无论是哪一种情感，正常的交往都会促进情感的交流和关爱他人能力的培养。

控制好自己的情绪

早恋是孩子的隐私，需要对外保密，即使是非常亲近的人，也应该为孩子保守秘密。当父母知道孩子早恋时，要先冷静下来，不声张，因为急吼吼地告诉老师和对方家长，然后对孩子既骂又打，不会收到理想的结果。

可以思考一下该怎么做？先了解他为什么会早恋？是因为不喜欢学习？还是因为这个女孩太过优秀？只有找对原因，才能有针对性地解决问题。

孩子早恋就像孩子第一次学走路、第一次学说话一样，父母应该感到欣喜，因为他们开始懂得爱，这是一种成长。如果发现孩子早恋的苗头，父母一定要沉着应对，千万不可风声鹤唳、草木皆兵。

2 积极引导，为早恋的男孩提供情感支持

有心理学家曾说：只要父母的引导正确，态度开明，恋爱本身并不会构成问题。反倒是严厉杜绝"早恋"的态度会给孩子造成极大的心理压力，使得他们不得不花费很多精力去应付。

在莎士比亚的经典名剧《罗密欧与朱丽叶》中，罗密欧与朱丽叶相爱，但由于双方家族是世仇，他们的爱情遭到了极大的阻碍。但压力并没有使他们分开，反而让他们爱得更深。这样的现象我们叫它"罗密欧与朱丽叶效应"。

所谓"罗密欧与朱丽叶效应"，就是当出现干扰恋爱双方爱情关系的外在力量时，恋爱双方的情感反而会加强，恋爱关系也因此更加牢固。

青春期情窦初开，男孩会对除家人之外的亲密关系产生好奇和憧憬再正常不过。承认并接纳男孩对异性的喜欢，当男孩感受到的不是强烈反对而是接纳时，他才能放下戒心，乐于听取家长的建议。

在一期访谈节目中，嘉宾李玫瑾教授和收藏家马未都，一起讨论青春期孩子的教育问题时。马未都讲述了自己当初发现14岁儿子"早恋"，他的第一反应是："你太晚了？我当年比你还早一点儿！"

几天之后，他才又找了个机会，跟孩子说起："第一次多数不靠谱，很可能会分手，你也不必太认真……"

李玫瑾教授说，当发现孩子早恋时的做法是：不仅不能骂，还要夸。比如和他说："我儿子真棒，都有人喜欢了。"

这样说话并非鼓励男孩早恋，而是"曲线救国"。当父母表明对男孩的信任，相信他会处理好恋爱和学习的关系，这种信任会让孩子心存感激而不是怨恨，反而会促使孩子进步。

一位妈妈在楼上窗口看到儿子和住在同一小区的一名女生偷偷地手拉手回家，临别二人还拥抱片刻。

这位妈妈思考之后，在第二天和儿子推心置腹地谈了一次。她说："我不反对你们交往，但是要把握好'度'。既然你们互相喜欢对方，就要对彼此负责，如果你想对她好，那么你现在的首要任务就是认真准备中考。然后走好每一步，将来能有一份好的工作，这样将来才有对感情负责的能力。"

孩子听了妈妈的话，放下了心理负担，之后的成绩不降反升。

当然，如果男孩有了喜欢的女生，通常都是偷偷进行的，很少愿意主动和父母坦白。但就算孩子不说，从他的日常表现里，父母也可以轻易地发现早恋的痕迹。那么孩子早恋有哪些征兆呢？

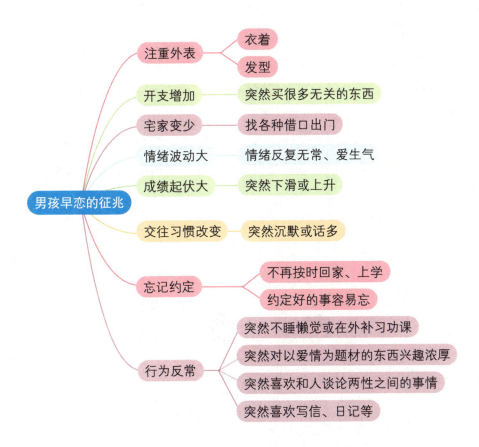

当发现男孩有早恋的征兆后，与其整天提心吊胆地担心孩子，倒不如去尊重孩子的感受并给予积极的引导。那么，父母该如何引导男孩呢?

在放松的环境中引导孩子

想要与孩子谈论严肃话题时，尽量选择在一种放松的环境下。话题越重要，越需要轻松的氛围，这样才能让孩子卸下防备，这也是进行沟通的前提。比如，逛超市、遛弯、接孩子放学等，凡是氛围轻松的时刻，都可以尝试去引导孩子。

借机引导男孩改正缺点

青春期的男孩都希望自己有某些优点或特长，能够受到异性的关注和青睐。想要博得对方的好感，他们往往会特别注意自己的言行，并会改掉自身的一些坏习惯。

比如，有些男孩吃饭时总是狼吞虎咽，动作很夸张，但是如果有女孩在场，他们就会收敛自己的行为，懂得谦让，表现出君子风度。

这种异性效应，会不断地激励男孩不自觉地向更优秀的自己靠拢，慢慢变得谈吐文雅、举止从容。

鼓励男孩努力"配得上"对方

假如男孩喜欢上对方的原因是她成绩很好、很优秀，那么可以问男孩："那你觉得你身上是哪一点能吸引到她呢？"

引导男孩意识到，如果想"配得上"心仪的女孩，除了人品好之外，自己的学习成绩也不能太差。所以要尽可能努力学习，从而展现自己的能力。

青春期是孩子情感发展的关键阶段，他们渴望得到关注和爱。如果父母能够及时了解孩子的情感状态，并给予关心和支持，就可以引导他们将恋爱的情感转化为积极向上的动力。

3 教男孩把握和女孩交往的尺度

一些男孩进入青春期后，开始为不知道如何和女孩相处而烦恼。他们从内心里想和女孩交往，但又害怕和女孩交往。引导男孩学会和女孩正确相处，有助于培养他们的自信心和社交能力。

妈妈发现，自从小东上初一之后，他变得"脸皮薄了"。有时有人带着与他同龄的女孩来家里玩，他和女孩待在一起时会脸红出汗，紧张得不得了。他在学校遇见女孩，还会刻意保持距离，不敢接近，好像做了什么亏心事一样。

在学校与女同学交往，已经成为男孩日常生活中不可避免的一部分。但有的男孩却陷入了尴尬和烦恼之中，他们无法与女孩正常交往、沟通。通常他们的表现如下。

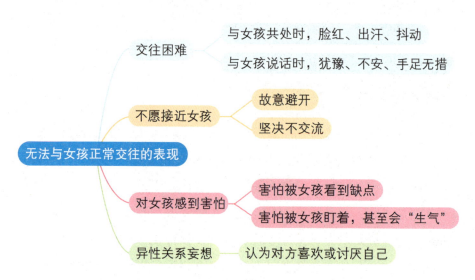

一些青春期男孩羞于与异性交往，主要是由于心理不够成熟所导致的，周围环境和个人的社交圈子对此的影响也较大。在这个阶段，男、女生在生理和心理上的不同的变化，让他们感受到了不适应，又因为他们对两性关系缺乏清晰的认知，所以产生了一种或害羞或畏惧的心理，让男孩开始疏远异性。

另外，他们不敢和异性交往也是因为害怕引起"流言蜚语"，比如男、女生一有接触，其他同学就会用不同的眼光来看待他们。有时仅仅是正常互动，结果班里就传两个人"谈恋爱"了。

如果男孩不知道该如何把握相处的分寸，就会越来越恐惧和女孩交往。而相对于一些男孩的羞涩，另一些男孩则完全相反，他们大大咧咧，无所顾忌，经常和女孩打打闹闹，缺乏边界感。

心理学上有一个距离论。意思是两个人如果不熟悉，一般会相距在 50cm 外，即使有一方想要靠近，对方也会刻意保持距离。而如果两个人关系较为亲密，距离则会控制在 30cm 左右。距离的远近反映了两个人关系的亲疏。

美国人类学家爱德华·霍尔博士把人际交往中人与人之间存在的远近关系划分了四种距离。

①公众距离：3.7 米—7.6 米，无关系或不认识的人之间的距离，例如公共场合中无关系人之间的那种距离。

②社交距离：1.2 米—3.7 米，公事上或礼节上的较正式关系。

③个人距离：46 厘米—122 厘米，人与人之间的独处空间。

④亲密距离：15 厘米—44 厘米。15 厘米以内，是最亲密区间，彼此能感受到对方的体温、气息。15 厘米—44 厘米之间，身体上的接触可能表现为挽臂执手或促膝谈心。44 厘米以内，在异性是恋人、夫妻等关系，在同性之间，往往只限于贴心朋友。

与异性交往时，保持适当的距离是一种礼貌，也是一种尊重。同时，保持一定的距离能够避免因为肢体接触而引起的不必要误会，减少流言的产生。

对青春期的男孩和女孩来说，异性之间的交往，边界感十分重要，只有把握好一定的"度"，才能发挥异性效应的最大作用。

那么，该如何教男孩把握和女孩交往的尺度呢？

设立相处的底线

青春期男孩开始独立思考、探索世界，同时也面临着很多挑战和诱惑。我们需要提前与孩子沟通，并制定清晰的底线规则，以保障他们的安全。

比如，规定外出时间、不能有过分亲昵的身体接触、不能讲低俗下流的话语、不能留宿别人家中等。

告诉男孩干脆果断地拒绝他人

有时男孩和异性的纠缠并不是出自本意，而是他害怕自己的拒绝会给对方带来伤害才不得已而为之。父母可以告诉男孩，当遇到异性向自己表白，如果不喜欢不要给对方留任何幻想，也不用害怕拒绝会伤害对方。因为果断干脆地拒绝对方，才是为自己和对方负责。

鼓励男孩坦然与异性交往

与异性交往并不可耻，这不是什么不光彩的事情。让男孩在心理上坦然接受，与女孩交往没有什么特别，男生与女生之间同样可以拥有纯粹的友谊。鼓励男孩与女孩进行能相互促进，有益得交往。

鼓励男孩多参加集体活动

对于中学生来说，友谊与恋情之间的尺度不易把握，因此应尽可能避免与女生独处，多参加集体活动。在集体活动中，既能宣泄情感，满足男孩的心理需求，又可避免越界行为。

4 帮男孩走出失恋的痛苦

早恋往往具有朦胧感、冲动性和不稳定性的特点。一旦失恋，就很可能会导致严重的失落感和心理失衡，对男孩的心理产生持久的消极影响。很多父母在面对儿子失恋时束手无策，甚至原本出于好意的鼓励，结果却带来了副作用。

妈妈发现儿子被喜欢的女孩拒绝，不忍心看着儿子情绪消沉，就问他："你知道那个女孩为什么不喜欢你吗？"儿子说："不知道。"妈妈说："因为你不够优秀。"结果儿子越发地郁郁寡欢，情绪更加低落，很长时间都走不出来。

妈妈就约了一个心理专家，带儿子去咨询。孩子见到心理专家就问："老师，我是不是很差劲儿？"随后他们就进行了如下对话。

心理专家："你喜欢吃榴莲吗？"

男孩："喜欢。"

心理专家："但是有的人闻到它的味道就吐了，你觉得这是榴莲的问题吗？"

男孩："当然不是，因为每个人的口味不一样。"

心理专家："那有人不喜欢你，是你的问题吗？"

男孩："不是……可是，她喜欢的男生确实比我优秀啊。"

心理专家："你现在也许确实不如他优秀，但那不代表未来你也不如他，你是变化的，现在的你并不代表最终的你啊。再说，就算你打篮球不如他，但你在别的地方也不一定比他差。"

男孩："我明白了……"

在心理专家的开导下，男孩又重新恢复了自信和活力。

当男孩向女孩表白却被拒绝，或者因为某些原因与女孩分手，轻则会导致男孩心情不佳、心烦意乱，严重的会郁郁寡欢、悲观绝望。对于青春期男孩来说，分手无疑是一次沉重的打击。研究显示，与成年人相比，青少年更易受感情波动的影响，他们快乐时会忘乎所以，低谷时会压抑得让人窒息。常见的表现如下。

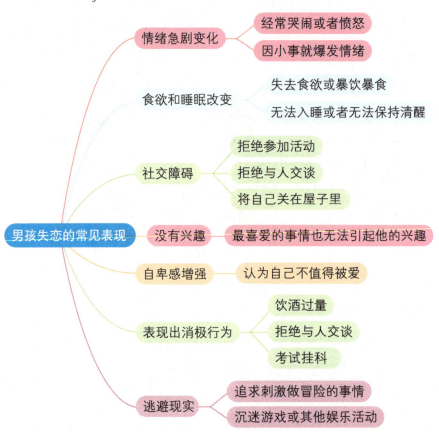

失落、无助、沮丧等负面情绪，不仅会让男孩变得沉默寡言、无心学习，严重的甚至会给男孩造成心理创伤。但失恋是一种状态，有开始就有结束。一般情况下，一个人需要两到三个月来走出失恋的阴影。在这段时间，身边人的反应对孩子的状态尤为重要。父母平和的态度和恰当的引导，能够帮助孩子更快地好起来。

那么，该如何帮助男孩走出失恋的痛苦呢？

不急于询问，不评价、不指责

孩子早恋的具体细节只有他们彼此两人能明白，刚刚失恋时孩子情绪低落，沉浸在自己的感情世界里不能自拔，过于着急地询问容易起到反作用。

当孩子透露情感经历的时候，轻率地评头论足或指责孩子的不对，可能会引起孩子的抗拒心理，导致他们的自我封闭。如果孩子感受到了来自父母的理解和支持，那么失恋造成的痛苦就会消减一大半。

分享经验、促膝长谈

父母可以像朋友一样和孩子促膝长谈，用自己的生活经验开导孩子，让他知道失恋是很正常的事，失恋不代表人生的失败。最好由爸爸找个轻松的环境，和儿子像朋友那样聊一聊。和孩子分享一下自己喜欢一个人的心情、失恋的感受等。

和孩子分享自己的恋爱，会让孩子感受到这种经历谁都会有，这种痛苦谁都品尝过，并不是单单他承受过。此外，还可以告诉孩子，据有关统计，初、高中阶段的恋爱成功率非常低。初中是 0.03%，高中是 0.2%，即便是大学阶段，恋爱的成功概率也仅有 1%。所以，失恋几乎是每个人都会经历的，甚至要经历多次。

老爸 13 岁的时候喜欢过一个女孩，她也喜欢我，可是后来她说不喜欢我了，我那个痛苦啊……

她为啥不喜欢你了？

鼓励交流

我们可以鼓励孩子与朋友、同学或心理咨询师进行沟通和交流，倾诉内心的困惑和痛苦。通过与他人分享，孩子可以获得不同的观点和建议，帮助他们更好地处理自己的情感。

在青春期，失恋是一件非常常见的事情。它可能是无奈的，也可能是遗憾的。无论怎样，这种伤痛对于男孩来说都是非常痛苦的，比起建议和指导，家长和朋友的关心与陪伴更能让他们感受到自己的存在和被爱，这对于他们走出失恋的阴影会有很大帮助。

5 和男孩聊聊爱情，培养正确的恋爱观

越来越多的孩子生理成熟和情感萌动的时间大大提前，再加上受社会文化以及电视、网络等媒体环境的影响，孩子早早地就涉入了成人的世界。这时，与其让孩子自己"摸索"与异性交往，不如

父母和孩子坦诚地谈谈爱情。

李玫瑾教授说：当孩子处于青春期的时候，家长们应该主动地引导孩子建立正确的爱情观。

青春期男孩对爱情保有好奇心，喜欢谈论爱情的话题很正常，而如今的网络媒体给了他们满足好奇心的渠道。其中形形色色价值观的传播，很容易让孩子形成不良的爱情观。一味回避与男孩谈论爱情的话题，容易让他们陷入误区。比如，被外貌吸引就是爱情、异性交往都是爱情、爱情高于一切等。

对于孩子关于爱情的种种困惑，我们可以化被动为主动，把握沟通的时机，引导孩子正确认识爱情，树立正确的恋爱观。

俄罗斯著名教育家苏霍姆林斯基曾在《给儿子的信》中，与儿子深入探讨了关于爱情和婚姻的话题。

他在信中写道：

精神世界的富足表现在人能够传递和接收无数种情感和思想。如果情感和思想极为贫乏，那么令人一见钟情的外在美就会暗淡，失去吸引力。假若爱情只表现在一瞬即逝的外表魅力里，假若人只在面孔和身材中寻求享乐，那么失望和"性格不合"就在所难免了。

……

我和你妈妈结婚，快满 25 年了……每一次，经过几天分离后再见她时，我仍感觉到心动——我在她身上，世上我唯一爱着的女人身上看到了新东西。爱人的眼睛像是能发现历久弥新的美。

苏霍姆林斯基结合自己的亲身经历向儿子传递了自己的婚恋观：爱情是对所爱之人的责任。对待爱情和婚姻，精神和道德同样重要。

婚恋观是一个人对婚姻和恋爱关系的看法和态度，它随着人的成长而逐渐形成，会受到文化、家庭、教育等多种因素的影响。在男孩的成长过程中，有几个关键的婚恋观形成期。

童年期 / 婚姻敏感期
- 想要和爸爸或妈妈"结婚"
- "爱上"自己的老师或者其他成年人
- "爱上"一个小伙伴

青春期
- 对异性产生强烈的喜欢、爱慕
- 尝试建立亲密关系
- 情感需求和态度随时会变

男孩婚恋观形成的关键时期

大学阶段
- 注重恋爱的过程
- "快餐式"恋爱
- 强调自由恋爱
- 恋爱投入而公开
- 恋爱出发点盲目
  - 为满足虚荣心
  - 为摆脱孤独寂寞
  - 为追求金钱、名誉、地位
  - 为做试验

工作阶段
- 婚恋条件性 —— 注重对方的多方面条件
- 婚恋独立性
- 婚恋多元性

婚恋观的形成是一个长期而渐进的过程，所以从小培养孩子正确的婚恋观，并没有什么不合适。在每个不同的时期，孩子们都在用他们特有的方式了解、体验爱情，并用自己的方式表达这种情感。

　　那么，父母该怎么和男孩聊聊爱情呢？

和男孩聊聊爱情和友谊

　　很多男孩生活阅历尚浅，他们对于恋爱的认识，多数是从网络中学来的。他们可能认为自己喜欢和某个女孩玩，那就是爱情，其实他们有时候是分不清什么是爱情、什么是友谊。

　　父母可以告诉孩子，爱情是想要和对方永远在一起，要包容对方的缺点，最终要给对方一个家。单纯地喜欢和对方玩，那是友谊，友谊也是非常珍贵的东西，但如果盲目地把友谊当成爱情，那可能最后连朋友也做不了。

和男孩聊聊在对的时候做对的事情

在读书期间，是孩子学习知识的时候，如果谈恋爱，很有可能会影响学习。我们可以和孩子一起探讨，如果在读书时恋爱会有什么坏处。

如果孩子一再肯定自己不会受影响，也可以假设一些情况再询问他，比如，"如果你们吵架了，会不会影响心情？""如果对方父母不同意，她会不会很为难？"等。

爱情不光只有爱就行，需要一定经济基础，它是一辈子的事，不用急着去干扰对方的生活。在对的时候做对的事情，好好学习，提升自己，才能给对方一个美好的未来。

和男孩聊聊恋爱的责任感

和男孩说一说，谈恋爱是一件神圣的事，需要有责任感。以游戏的态度恋爱，那对自己、对别人都是一种伤害，所以要秉着负责任的态度去谈恋爱。

和男孩聊聊爱情是平等的

爱情不是卑微的，也不是高高在上的，爱情需要平等相待。如果发现男孩正因为暗恋苦恼，那可以告诉他："只要自己足够优秀，别人自然会留意你。如果你一直不思进取，就算你们在一起了，你也会没有底气。最好的爱情应该是相互激励、共同进步的。"

第四章

离不开的网络，教男孩合理利用

1 用询问替代指责，了解原因再对症下药

教育心理学专家李玫瑾老师说过："网络是导火索，导火索是从外面插入的一根线，真正的炸药不是网络，炸药是孩子心理上的问题。"

孩子的心理问题具有很强的隐蔽性。在心理治疗中，有一个很重要的理论叫"冰山理论"。它说的是人的"自我"就像冰山。人的表面显性行为，就像海面上露出的冰山，但海面之下却殊不知隐藏着更大的冰山，它们包括个人态度、感受、观点、期待、渴望和自我等，这些行为背后更深层次的原因却很难被人发现。因此，父母时常会为青春期男孩沉迷网络而苦恼，甚至束手无策，却忽视了背后潜藏的心理原因。

父母往往认为沉迷于网络的孩子都是坏孩子，其实严格来说，沉迷网络并不是孩子的错。相比较女孩来说，男孩更容易沉迷网络，这其中有很多种原因。

青春期男孩沉迷网络，有的是因为无法面对现实生活中的压力，他们在学习和考试中遇到挫折，在升学时面对其他同学的竞争压力，不知道该怎样摆脱。父母对他们的期望过高，也会让他们难以面对，只想逃避。

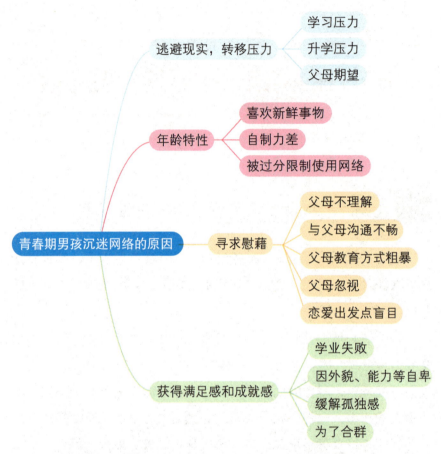

学习压力

逃避现实，转移压力 —— 升学压力

父母期望

喜欢新鲜事物

年龄特性 —— 自制力差

被过分限制使用网络

父母不理解

与父母沟通不畅

青春期男孩沉迷网络的原因 —— 寻求慰藉 —— 父母教育方式粗暴

父母忽视

恋爱出发点盲目

学业失败

因外貌、能力等自卑

获得满足感和成就感 —— 缓解孤独感

为了合群

　　有的孩子是想要在网上求得安慰。在这些孩子的家庭中，父母因为关系紧张或是忙碌而忽视了孩子，孩子渴望被关爱、被重视，但却得不到满足，只好转头来到网络中。假如孩子和父母的关系紧张，比如互不理解、沟通不畅、父母教育方式粗暴等，也会让孩子染上网瘾。

　　还有些孩子则是因为成绩差、自卑的原因，想在网络上获得成就感和满足感，或是为了和同学有共同语言而上网。

　　因此，父母在面对孩子的问题时，需要保持冷静，才能寻找到方法，对症下药。

　　有一位爸爸因为儿子对电脑感兴趣，便斥巨资给他买了电脑。

为了能上网，他又给电脑拉了网线。自此之后，儿子便开始沉迷于网络游戏。爸爸一开始劝阻过，但是儿子根本就不听。

爸爸开始仔细观察儿子为什么喜欢上网玩游戏，其中的一个原因就是家里的大人都不会玩，只有他会，这让他觉得原来爸爸、妈妈也有不会的东西，自己很有优越感。

明白这一点后，爸爸想了想，便宣布从今天开始，家里的每个人都要开始玩电脑游戏，还要比赛谁玩得好。一番操作下来，儿子发现爸爸、妈妈都会玩了，甚至比他玩得更好，曾经的优越感消失了，他从此对游戏就失去了兴趣。

孩子沉迷网络，必定是有某个心理需求没有得到满足，孩子的内心感到痛苦。正是因为过去感受到的痛苦，孩子才会需要通过网络来弥补。在和孩子沟通的时候，通过平等的交流，去倾听孩子的观点和感受，试着去理解他们对网络的看法，才能理解孩子的内心，得到他们的信任。

值得一提的是，并不是男孩有上网的行为就需要干预。是否需要干预，要从以下三个方面来判断。

①上网没有节制：孩子总是想要上网，一上网就停不下来、无

法自控，对别的事情也没有兴趣。

②经常说谎：孩子不愿意承认自己痴迷网络，经常在上网时间上撒谎。

③影响学习和生活：因为上网，孩子正常的学习、生活和人际交往都受到影响。

如果孩子的行为表现符合以上三条，那么就需要及时干预了。但指责和禁令并不能让孩子自觉地远离网络。既然这个方法不起作用，那么不妨换一种方式，用询问替代指责。那么，父母该怎样去做呢？

沟通的方式有很多种，马歇尔·卢森堡博士在《非暴力沟通》一书中提出的非暴力沟通模式，包含以下四个步骤。

陈述观察

和孩子沟通的第一步，我们只需要说出自己看到了什么、听到了什么。只需要将事实讲出来，而不必谈论对错。沟通时可以将情况说得具体一些，比如在什么时间、什么地点，看到了什么等。

谈感受

父母要基于自己看到和听到的，去告诉孩子，他的行为和语言给了父母什么样的感受。其实孩子沉迷网络，父母除了生气外，更多的是担心影响孩子的视力、健康和学习。把这些真实的感受告诉孩子，他们才会感受到父母的关心，减轻逆反心理。

讲需要

讲完感受，父母要和孩子表达出对他的期待和愿望。正是因为有了这些期待和愿望，父母才会担心孩子。这样能够避免批评和指责孩子，孩子知道了父母的用心良苦，就会对父母做出积极的回应。

提请求

最后一步，告诉孩子，父母请求他们去做什么，而不是要求他们不做什么，比如，让他们多关注学习和健康。在提出请求时，要用清晰、具体、正向的语言，不要让孩子感觉父母要操控他。另外，还可以给孩子提供一定的选择，降低他们远离网络的难度和心理障碍。

陈述观察、谈感受、讲需要、提请求，这个四个要素构成了非暴力沟通的公式。它帮助我们把自己的感受和需求，清晰地表达出来，从而更理性、更平和地和孩子沟通，让孩子感受到被尊重和理解。

但是，这个公式并非既定的流程，在使用的过程中，我们要根据实际情况做出调整。非暴力沟通的精髓在于对这四个步骤的察觉和理解，而不是过度地套用语言技巧。

2 用限制替代禁止，手机管理堵不如疏

英国小说家、诗人杰弗雷·乔叟说过："越是禁止的事，就越是吸引人。"手机也一样，过度禁止，只会变成一场权利的争夺，使得孩子更加不愿意屈服于父母。

在心理学中有一种现象叫作"禁果效应"，也叫作"潘多拉效应"。它来自一个古希腊神话。天神普罗米修斯为了让人类不再遭受黑暗和寒冷，从天上盗取了火种来到人间。众神之王宙斯得知后，便想惩罚人类。他命令诸神创造出一个最完美的女人——潘多拉，然后让她前往人间寻找普罗米修斯的弟弟厄庇墨特斯。

潘多拉成为了厄庇墨特斯的妻子。她来到人间之前，宙斯送给她一个盒子，叮嘱她千万不能打开。她的丈夫也这样叮嘱过她。但是有一天，潘多拉的好奇心压倒了自制力，她打开了盒子，盒子中飞出了病痛、嫉妒、厄运等种种恐怖的灾难，遍布世界，人类从此

遭受永无止境的痛苦。

　　"禁果效应"的本质，其实就是人的好奇心和逆反心理在起作用。这个效应简单来说，就是越不让一个人做什么，他越是想要做什么。就像父母越是禁止孩子使用手机，孩子越是想要一探究竟，那么孩子为什么会这样呢?

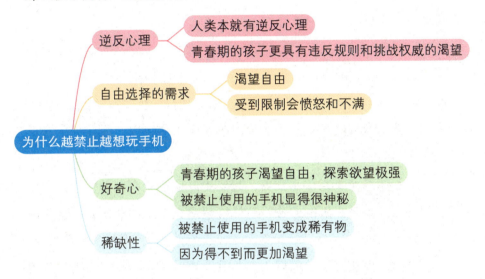

　　青春期的男孩本来就有很强的好奇心，他们总想去探索一切新鲜事物。当父母禁止他们使用手机时，这种禁令反倒会激起他们的好奇心。就像孩子小时候，父母都会提醒他们不要玩火，但是这往往反倒激起他们冒险的欲望。

　　在孩子的眼里，能够随便玩、随便看的东西并没有什么稀奇的，可是被禁止使用的东西就不一样了。大人不让他们看手机，他们就会觉得手机很有吸引力，就好像我们面对限量版的商品，会不惜连夜排队购买一样。

　　当"禁果效应"体现在手机的使用上时，孩子的心理和行为都会出现相应的反应。孩子在心理上会对手机产生强烈的兴趣和渴望，而得不到手机时就会感到焦虑，这些情绪会影响他们的思考和判断能力。在行为上，孩子会因为迫切地想要得到手机而不顾后果，比如甘愿冒被惩罚的风险去偷拿父母的手机，或是做出冲动性的行为，为了手机和父母吵架。

心理学家经过大量的研究后得出结论，当禁止的理由不够充分时，人们就不想这样做，甚至会在潜意识里为自己违反禁令的行为找借口，让自己的行为更合理。

"大禹治水"是我们耳熟能详的古代神话。它讲述了鲧治水时一味地采用"堵"的方法，导致失败。大禹在治水时从中吸取了教训，改"堵"为"疏"，通过疏通河道、拓宽峡口，将洪水快速地排掉。大禹能够治水成功，就是因为他发现了洪水的特性，才找到了合适的解决方法。

电子产品并不是洪水猛兽，想要更好地控制它们的使用，采用疏导的方式才是正确的方法，这样能够避免强制性地压堵所引起的反弹。

在孩子使用手机的问题上，与其"堵"，不如"疏"。用一些限制性的方法，避免孩子无节制地使用手机，让孩子能拿起来，也愿意放下。那么，父母应该采用哪些方法来管理孩子使用手机呢？

监督使用内容

网络上的信息五花八门，真假难辨，孩子在使用手机时，可能会接触到各种暴力、色情等不良信息。为了帮助孩子抵制那些不良内容的侵蚀，父母要监督孩子使用手机时所看得的内容。在手机上安装一些监控软件，可以起到防微杜渐的作用。

规定使用时间

给孩子规定手机的使用时间，并且根据孩子的年龄和学习情况做出不同的调整。一般来说，孩子每天使用手机的时间不应该超过两个小时，每次看手机的时间不能太长。睡前最好不要看手机，也不要在黑暗中看手机。

限制使用场合

鉴于孩子使用手机时容易分心，能够使用手机的场合需要提前限定好。比如，在学校、餐桌上、公共场所等地方，孩子不能够使用手机，以便于他们能更加专注于学习和社交活动。

要鼓励孩子走出家门，线下与同学、朋友交流，不要只沉迷在网络世界，告诉男孩，和同学、朋友面对面交流沟通是最直接最高效的，同时它还是一项基本的生活技能。而且，语言沟通要比文字沟通更容易，效果更好。

3 用规则代替控制，让孩子自主管理手机

俗话说："没有规矩不成方圆"。孩子就像小树苗，想要长得直，必须要有支撑物才行。尤其是男孩进入青春期后，更少不了规矩的约束。

为什么青春期男孩更需要规矩？男孩进入青春期后，会有自己的主见，会不服管教。但他们并没有真正长大，还没有良好的自控力，父母的放任不管，会让他们成长路上的风险更高。

规则可以代替控制，让男孩约束自己，为自己的行为负责。就像放风筝，有线牵着，风筝才能在空中自由地飞，这个线就是规矩。

在孩子使用手机的问题上，也需要立规矩。尤其是当他们花费大量的时间在手机上时，更需要科学合理的规范。

风筝能在天上飞，是因为线在你手里牵着，这个线就是规矩。

但是，有很多父母会说："我们也立了规矩，但孩子根本就不执行"。这是因为青春期的男孩在独立意识的促使下，根本不愿意接受

父母的规矩和限制。这也是孩子在叛逆期的表现之一。那么，他们为什么总是挑战权威呢？

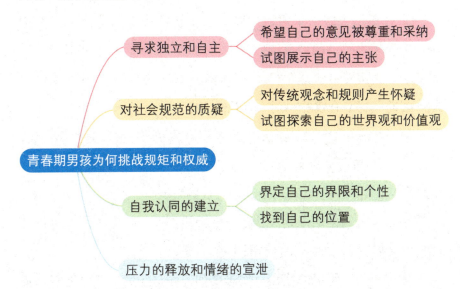

进入青春期，孩子会渴望拥有更多的自主权和决定权，因为此时，他们的独立意识和自我意识正在逐渐觉醒。他们会对世界产生批判情绪，并开始思考人生的意义和价值，对与家庭、学校和社会有了自己的看法。在很多事情上，他们会表现出不认同、不配合的态度，甚至出现很激烈的反抗。这其实是他们为了彰显自己的独特和独立而表现出的正常反应，并不是故意和父母作对。

孩子挑战权威，不仅是展示和证明自己力量的过程，也是探索规则的过程。他们并非单纯为了挑战权威，而是要在其中学习和成长，所以这种行为不是目的，而是他们发展自我的一种手段，是他们成长中必不可少的一个过程。通过这个方法，他们才能建立起独特的身份和自我认同。

孩子挑战权威，会给父母带来困扰，但这是正常的行为。在这个过程中，他们会进行理性的思考，与自己的内心对话，从而确立起属于自己的世界观和价值观。他们会用另一种方式来看待事物，这促使他们变得更理性、更成熟。

父母和孩子因为手机而争吵，孩子反抗的其实不是父母要控制他们使用手机，他们反抗的是父母的管教手段。孩子知道学习很重要，也知道不能沉迷手机，逃避学习只是一种本能，他们很难控制。因此，制定有效的规则才能对他们进行约束。

不挑战规矩，哪来的进步？青少年最重要的任务就是探索自我，挑战规矩，这能培养他们独立思考的能力，不仅有助于培养他们坚强、勇敢和自信的特性，还有助于他们日后的发展。

制定手机的使用规则能让孩子变得更自律，从自主管理手机开始，学会以后更好地掌控自己的生活。

那么，关于手机的使用，父母要如何跟孩子约定，才能确保规则被有效地实行呢？

尊重孩子的想法

制定规则时，可以邀请孩子一同商定。有了孩子的同意，规则才能被有效地执行。制定规则期间，要充分地尊重孩子的想法，允许孩子提出合理建议并修改，然后再执行。可能孩子有一些看上去不太靠谱的想法，不要急着否定。只要不违背基本原则，就可以尝试。这种参与感能让孩子更自觉地遵守规矩。

父母对孩子的规范尽量一致

父母的教育理念可能存在差异，但是在孩子面前要保持一致。在制定规则时，不要当着孩子的面争执，尤其不要在孩子面前争吵，可以事后再做沟通，私下处理。父母可以提前协商沟通好，争取站在统一战线，才能不影响孩子的判断，明确家里的规矩。

就事论事，避免对孩子的否定

规矩制定好后，孩子可能会出现违反规矩的情况。这个时候不要反复提到他的错误，比如，"说好平时不看手机，你刚才还偷着看，你就是个不守信用的人。""你这孩子一点都不让人省心。"这种话是对孩子的打击，容易让他丧失自信心。当一个人没有自信时，就很难有高自尊，也很难真正地管理好自己。孩子被贴上一个坏的标签，就会向坏的方向发展。

所以即使孩子违背了规则，父母也要把它大事化小、小事化了，相信孩子是优秀的，可以跟他说："妈妈相信你能做到。"给孩子更多尊重，他才会发自内心地认可规矩，并服从它。

4 用快乐替代"快乐"，引导孩子去做有趣的事

心理学家弗洛伊德提出了自我、本我和超我的概念。他认为，本我的目的在于追求快乐，也就是说，人的本能是追求和获得快乐，逃避和摆脱痛苦。但是，快乐是一种主观的感受，不同的人可能会因为不同的原因而感到快乐，他们追求快乐的方式也各不相同。

快乐是我们生命中不可或缺的一部分。青春期的孩子也会追求快乐。可以说，追求快乐是人与生俱来的需求之一，是人们的一种情感需求。孩子更是把追求快乐当作目标，通过追求快乐来实现个人价值和自我成就，从而获得满足感。

青春期的男孩追求快乐，是为了摆脱焦虑和压力。快乐能够促进他们的身体健康和心理健康，还能改善他们的情绪和状态。然而，当他们迷失在网络中时，往往忽略了一点，在网络中体验到的快乐并不是真正的快乐，而是一种"垃圾快乐"。

"垃圾快乐"指的是从游戏、直播、八卦等电子产品中获得的短期快感。孩子怀着好奇，进入网络这样一个新奇有趣的世界，感受

着新鲜和放松的乐趣。他们觉得网络的世界很好玩，殊不知已陷入了"垃圾快乐"中而不自知。

在神经科学领域，曾经做过一个著名的实验：在一只小白鼠的大脑内安装一个电极，只要电极一放电，就会刺激大脑产生多巴胺，小白鼠就感觉很快乐。在实验的箱子里，还放置着一个踏板，小白鼠可以通过踩踏板的方式来控制电极。

每踩一次，小白鼠就会在多巴胺的刺激下感到快乐和满足，它因此而欲罢不能，就不停地去踩踏板。最后，它的速度已经快到每分钟上百次了，结果小白鼠在快乐中耗尽力气而死去。

为什么人们会沉浸在"垃圾快乐"中呢？心理学家这样解释"垃圾快乐"："反应的时间越短，越容易让人获得快感，最后上瘾。"孩子看过一个搞笑视频，马上就会哈哈大笑，玩一会儿游戏，就能得到爽感。这种极易得来的快感，谁会愿意舍弃呢？连成年人都很难抵抗，更别说是孩子了。

为什么手机会让人欲罢不能呢？因为手机中那些软件和游戏的背后有着强大专业的设计团队，他们根据大众的普遍心理设计出了这些产品。他们开发这些产品的目的就是为了刺激我们的神经，让我们感觉"很爽很快乐"，从而欲罢不能。

美国奈飞公司曾出品过一部纪录片《智能陷阱》，片中揭露了大多数互联网公司每天都在做的三件事：研究如何让用户花在手机软件里的时间更久；如何策划不同的活动，吸引新的用户；如何利用这些注意力赚钱。

大部分的互联网公司还会采用"劝服性技术"，即不断地通过新鲜的内容，去刺激和奖励用户，引导他们被软件"牵"着走。这也是为什么在看手机时，时间会过去得那样快。

多巴胺带来的快感只是"爽"这个字，无需思考，只需要享受即可。但是，长期满足于这种短暂的欲望，会给孩子带来很多负面影响。

有人说，毁掉一个孩子最快的方式，就是让他沉迷于"垃圾快乐"。"垃圾快乐"会给孩子带来哪些伤害呢？

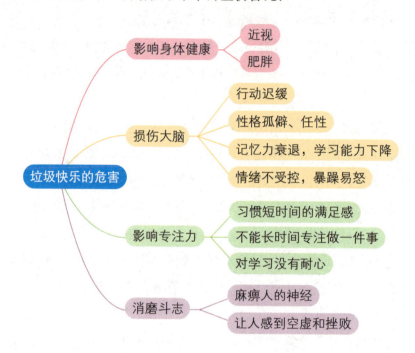

"垃圾快乐"只是短暂的快乐，不能持久地满足一个人的内心需求。而且，孩子对"垃圾快乐"上瘾时，会忽视掉读书、学习等更重要的事情。对于学习，他们没有了耐心，对于知识，他们不再感兴趣，自驱力和进步的动力会逐渐地消失。

"垃圾快乐"不是真正的快乐，真正的快乐应该是真实而长久的。真实的快乐应该来自真实世界之中，能给人带来充实和满足感。这种高阶的快乐，不仅不会消耗孩子，还会给孩子力量，让他们变得更好。

生活从不缺乏有趣的事物，缺的是发现"有趣"的眼睛。总有些真实可感的乐趣，等待着孩子去发现、去探索。那么，有哪些有趣的活动可以替代手机、平板这些电子产品，帮助孩子忘掉它们呢？

给孩子安排丰富的活动

很多孩子的业余生活很贫乏，没有其他有益的活动，才会沉迷手机。鼓励他们参与丰富的课外活动，就能解决这个问题。比如，可以鼓励他们参加对身心发展有益的活动，像绘画、音乐、阅读等，参加艺术课程或夏令营，也可以组织参观动物园、

爸爸，这是我的假期安排。

安排得很丰富，我都羡慕了。

假期计划
7月10日
参观博物馆
7月15日
参加社区运动会
7月20——28数
体验摆摊卖货
……

博物馆、去图书馆等，或是带孩子进行户外运动。参加社交活动也是好办法，可以邀请孩子的同龄人来家里做客，或是让孩子参加社区活动，帮助他们提高社交能力。

帮助孩子制定短期目标

相比于多巴胺，内啡肽带来的成就感，更加可贵，而且持久不灭。孩子在学习、运动或其他方面，除了要有长期目标外，还要将目标分解成短期目标。在完成短期目标时，需要保持专注力，避免外界干扰。当目标达成时，就能够激发大脑释放内啡肽。孩子体验到了成就感，就会更加努力地向目标前进。

给予适当的奖励和激励

为了鼓励孩子多参加有益的活动，或者激励孩子集中精力完成学习任务，可以在完成任务后，给予适当的奖励，这能够让孩子学会自律，调整行为习惯，更加积极地面对生活。

5 用工具代替玩具，让手机成为学习的工具

在如今这个信息时代，手机已经成为我们日常生活中不可缺少的东西。孩子在生活和学习中也有很多的机会接触手机，比如上网课等情况。想要完全切断孩子和手机的联系，既不现实，也不必要。任何事物不止有坏的一面，也有好的一面。

其实客观地看，手机只是一个工具，它可以让人沉迷，也可以给人提供帮助。游戏只是手机中的一个功能，手机还有一些其他功能。如果能够把这些功能利用起来，手机就能够成为孩子成长道路上的"好帮手"。

孩子可以把手机当作学习的工具。只要正确地使用，它就能够给孩子带来很多好处，给孩子提供更加广阔的学习、娱乐和交流空间，帮助他们增长见识，增加知识储备，提高学习效率。

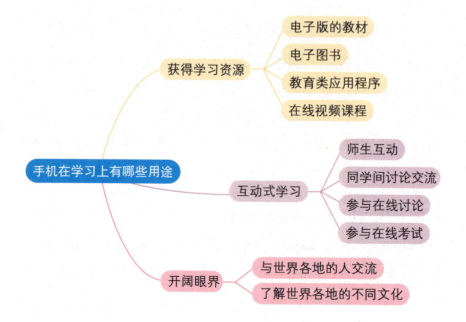

　　青春期的男孩正处在学习的关键时期，手机能够帮助他们将学习延伸到课堂之外。这样一来，学习就不会再受到时间和地点的限制，他们能够自主地安排学习进度。他们可以随时随地学习知识，比如获取教材、看视频讲解、做练习题等，他们的学习效率能够得到很大的提升。

　　传统的课堂教育，仅仅是老师教授知识，学生接受知识。学生处于被动的位置，互动性不足，孩子往往很难提起兴趣。而各种在线课程和应用程序，能够通过交流、互动的模式，让孩子积极地参与到课堂讨论和活动中去。孩子的学习效果能够得到提高，还能培养他们的沟通与协作能力。

　　通过手机，孩子可以使用各种教育类的应用程序和平台，来进行个性化的学习。这些应用程序和平台能够根据每个孩子不同的学习能力、学习进度和兴趣，推荐不同的学习内容和资源，更加精准地符合孩子自身的情况，激发他们的学习兴趣，提高学习的动力。

　　有了手机和网络，孩子能够得到很多优质的教育资源。甚至是世界各地的优质教材、课程、书籍、演讲等，孩子可能会因为地理和资源限制等原因无法获得，但是互联网就提供了这样一个便捷的途径，让孩子能够轻松地获得这些优质、丰富的学习内容。而且，有了网络，孩子可以和世界各地的优秀教师、专业人士或同龄人交流，能够开阔视野，增长见识。

　　孩子使用手机来学习，还能够培养他的动手能力和获取信息的能力。因为孩子在使用手机的过程中，必须熟练地掌握手机的操作方法和使用技巧，而且在通过手机学习的时候，还要学习如何进行信息的搜索、评估和整合，这能够为他们将来获取知识和自主学习提供便利。

　　在教育领域中，手机已经成为一个重要的工具，它早已经改变了传统教育的格局和方式。对于孩子来说，手机不应该只是一个玩具，而是应该成为他们学习的有力工具。那么，有哪些应用软件可以让手机成为孩子的"学习机"呢？

学科类软件

这类软件有的采用轻松、有趣的动画视频授课，结合老师风趣、易懂的讲解方式，让孩子在短时间的课程中就学会一个知识点，并且课后还会推送拓展习题。有的软件可以在手机上模拟实验操作，颠覆了传统的学习方式，让学习变得生动有趣。

有的软件里面包含的知识点全面，和课本同步。有的软件里面有丰富的学习资源，像名言警句、优美作文段落等素材库，或是文章、音频、视频等资料。

学习工具类软件

这类软件包括各种思维导图软件。大多数软件在手机、平板、电脑上都能使用。界面简单，对用户十分友好，很轻松就能上手。里面还有海量的模板可以免费试用。除了思维导图外，还有气泡图等各种流程图。

另外一类工具软件是根据人类记忆的规律，来帮助孩子记忆单词、知识点。孩子可以在这类软件中设定复习计划，软件会根据设定提醒孩子定时进行复习。这样孩子就能够通过软件来达到定期复习的目的，提高记忆效果。

时间管理类软件

使用时间管理类软件，能很好地培养和提高孩子的时间管理能力。孩子在使用这类软件的过程中，能够达到专心学习的目的。这类软件可以设定一定的学习时间和休息时间，做到学习和休息两不误。孩子在学习时间内能够集中注意力，高效学习，提升学习的效率，在休息时间里可以尽情地休息和娱乐。

第五章

高质量社交，引导男孩分辨真假朋友

1 树立信心，帮男孩克服社交恐惧

孩子进入青春期以后，不仅身体特征会发生明显的变化，性格也会悄悄地发生变化。本来活泼好动的孩子，也许会突然出现少言寡语，不爱和陌生人打交道，甚至不愿意和父母沟通的情况。

很多男孩在进入青春期后也会出现这种变化，小时候没有社交焦虑，长大后反而害怕与人交往了。

他们内心渴望同他人交往，以获得精神上的满足，但在实际生活中与别人打交道时，却总以为自己会受到这样那样的伤害或歧视，而对与人社交充满了恐惧，这就是社交恐惧症。严重的甚至会拒绝与任何人接触，把自己封闭起来，这对日常工作和学习会造成极大的妨碍。

初二的小峰总以为别人在时刻关注着他，担心自己会出什么差错而让人瞧不起。后来，他暗暗喜欢上某个女生，却不敢表露出来，还怕别人知道自己的秘密。有一次有同学开玩笑说："我知道你喜欢她，你别藏着了。"他一听就心里发慌，担心别人对他评头论足。此后，他见人就躲闪，有人与他聊天，他就面红耳赤、心慌意乱，最后以至于见人就害怕。

社交恐惧症也叫社交焦虑障碍，是一种常见的心理障碍，主要表现为对社交场合的强烈恐惧和回避。具有社交恐惧症的青春期男孩，他们在与人交流时，会有以下比较明显的表现。

①心慌、出汗、发抖、脸红、口吃等

②不敢与人对视

③不喜欢主动与人沟通

④回避公开场合或社交场合，比如聚会、班会演讲等

青春期是性格养成和塑造的一个好时期，如果不能妥善处理男孩的社交恐惧症，不管是对于以后的人际交往，还是心理健康，都会造成一定的影响。导致青春期男孩社恐的原因是多方面的，包含以下几种。

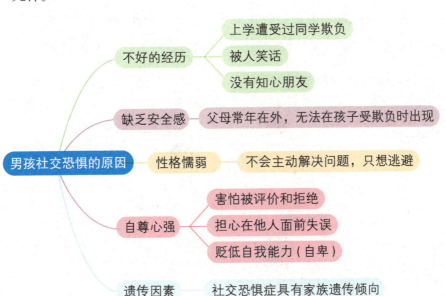

社交恐惧的男孩大多有一些自卑和敏感，他们对自我的要求过高，过于关注自己的缺点，忽略自己的优点，从而对自己的能力产生负面的看法，认为自己不值得别人的关注和喜欢，这又会进一步加剧他们的社交恐惧。

男孩的社交恐惧和焦虑，其实是内心自卑的外部表现，自信心不足或自尊心过强，会让他们过分在意别人对自己的看法。帮助男孩建立自信心，使他们的内心强大起来，能有效地帮助他们克服社交恐惧。

那么，父母该如何帮助男孩树立信心，克服社交恐惧呢？

多赞许，少责备

父母的评价对男孩培养自信心理至关重要，所以平时，遇事要常对男孩说一些鼓励的话。比如，当他在玩游戏或者看电视时能主动停止，自觉学习时，这时父母就可以表扬孩子自控力增强了；当孩子作业很工整时，父母可以表扬孩子写的字认真好看；当发现孩子考试成绩进步了，父母可以指出考试中孩子进步的地方，然后对孩子说一句"你真棒"。

因为男孩的自我评价往往依赖于成年人的评价，父母以肯定与赞赏的态度对待孩子，他会意识到：别人能做到的，我也能做到。

我看你英文演讲的视频了，发音真不错，听起来很自然。

真的吗？我听了很多英文演讲，练了很久呢。

给男孩确立适当的目标

培养男孩自信心的条件是让他们不断地获得成功的体验。而过多的失败体验，往往会使男孩对自己的能力产生怀疑。因此，我们可以根据男孩的发展特点和个体差异，提出适合其水平的任务和要求，确立一个适当的目标，使其经过努力就能完成，从而增加男孩的自信心。

比如，在下一次考试中取得好的成绩，或者上台讲话时敢于大声表达等。

系统脱敏法

系统脱敏法的一般做法是：先用轻微的、较弱的刺激，然后逐步增强刺激的强度，使人逐渐适应刺激，最后达到目的。

可以让男孩逐步接触社交场合。引导男孩先从家人开始，比如，和父母交谈并注视他们的眼睛，当男孩感觉没有恐惧时，再与亲朋好友接触，然后再与一般熟人接触，这样循序渐进，最后达到和陌生人交谈的能力。让孩子接触一些公开社交活动，比如，小型的聚会，逐渐增加他们的社交经验。

2 不盲从，帮男孩正确应对来自同伴的压力

动荡不安的青春期，除了紧张激烈的学习氛围、强烈而复杂的情绪之外，还有一件让男孩十分焦虑的事情——交朋友。

这个时期的男孩脱离了对父母的依赖，转而向同伴来寻求之前从家庭中获得的支持。男孩对同伴看法的关注，甚至超过了对父母

和老师。他们会思考："怎样交朋友？""怎样融入其中？"为了避免被伙伴或团体成员拒绝、孤立、嘲笑、排斥，男孩会以讨好和迎合等方式，做出与团体要求一致的行为，形成"从众"的现象，这就是所谓的"同伴压力"。

刚上初一的安安长得胖胖的，性格很好，和他比较要好的几个男同学就经常开他的玩笑，有时捏捏他的脸，有时会要求他做一些滑稽的动作。刚开始安安觉得能逗大家开心，自己也很高兴，但慢慢地他发现同伴的行为开始有些变了，变得更像是对他的嘲笑。

他不愿意再这样被别人逗着玩，可当他不这样做时，同伴们似乎就不愿意再和他玩了。为了不失去这些朋友，安安只好像往常一样做着逗乐的动作，表面上很开心，但其实他心里很痛苦，觉得自尊心受到了伤害。

青春期的男孩，特别看重同学和自己的关系，十分渴望通过同伴的认可来确定自己的位置。他们担心不能融入班级，害怕得罪同学，害怕被孤立和排斥，面对一些不够友好的行为，他们往往会选择忍气吞声。

在同伴的压力下，有的男孩会改变自己的行为、态度刻意讨好对方，甚至会没有底线地迎合对方。比如，一个男孩本来挺遵守学校纪律的，但有同学拉着他逃课，并威胁他要是不去，就是看不起他，就不跟他做朋友了。最终，迫于压力，他很有可能就会跟着去了。

为了避免自己被同伴排斥，男孩很容易产生从众心理，甚至会模仿同伴的行为习惯。这也就导致当结交不爱学习的朋友时，男孩也会产生厌学情绪；与表面对人友好背后却诋毁他人的朋友交往时，男孩也会逐渐变得"两面三刀"……在同伴压力的消极影响下，男孩会出现"畸形合群"的行为。

任何事情都有两个方面，包括同伴压力。如果处理得当，这种压力对男孩来说也有积极的一面。

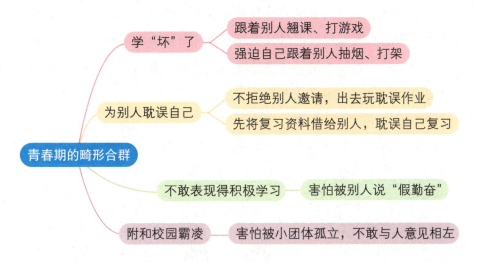

①在学习方面，有时候男孩自己无法达到目标，但看到身边同学拼命学习并取得了好成绩，就会给自己带来动力。

②从情感角度来说，同伴的赞美和认同可以增强男孩的自尊心、自信心。

③从行为角度来说，同伴的期望和行为可以影响男孩的行为和决策，激发他的主动性和积极性。

但是研究发现，青少年比成年人更容易受到同伴压力的消极影响。被排斥的恐惧，在有些男孩眼里要远大于欺负同学、打架的危害，为了融入集体，他们往往做着事与愿违的事情。青春期因为"从众"而引发的盲目性，让他们为了合群，而"放弃"了自我。

这提醒父母在关注男孩成绩之余，更要关注孩子的社交情感，让他们既有合群的能力，又拥有"不合群的勇气"，这一点十分重要。

那么，父母该如何帮助男孩正确应对来自同伴的压力呢？

教孩子学会拒绝"合群"

很多男孩认为，拒绝同伴会损害彼此间的感情，因此屈从于同伴的压力而不敢说出自己的真实想法。父母需要教导孩子，委曲求全不是解决问题的办法，如果分歧客观存在，那就尊重自己内心的意愿，把自己的真实想法表达出来。即使和好朋友在一起，也要坚定地拒绝做不应该或令你不安的事情。比如打架、放别人自行车气等行为，要一律果断拒绝。如果情况需要，表达的方式可以委婉一些，但态度要坚决。

角色扮演，提前模拟可能发生的情况

在孩子遭遇同伴压力之前，可以尝试通过角色扮演的方式，模拟可能出现的同伴压力的情况，这样可以帮助他们，在现实生活中遇到同样的情况时，让他们知道该如何应对。父母可以通过自身的行为示范，告诉男孩该如何坚持自己的原则，如何处理压力，并做出正确的决定。

同伴压力是青春期男孩必然会面临的挑战，通过提供支持和指导，父母可以帮助他们学会应对这种压力，成长为自信、独立、有判断力的人。

提供情绪管理技巧

同伴压力常常会引发男孩的负面情绪，如焦虑、自卑或愤怒。父母可以给男孩提供一些情绪管理的技巧，如深呼吸、运动或写日记等。让男孩通过有效的情绪管理，更好地舒缓压力，保持积极的心态。

3 警惕毒友谊，教孩子识别"坏"朋友

英国著名心理学教授鲁道夫·谢弗，在他的作品《儿童心理学》中写道："我们已经知道的是，同伴友谊对孩子的影响力确实很大，到一定年龄后，甚至将渐渐超出父母对孩子的影响力。"

青春期的男孩，与同伴的人际关系逐渐取代了他们心中父母的位置，有时他们甚至把父母排除在自己的世界之外。这也意味着，在男孩的感受和决策上，朋友发挥着至关重要的作用，甚至会影响

他们的观点和行为。

然而，并不是所有的朋友都对男孩有益，交了坏朋友，男孩不仅会因此染上恶习，还会无心学习，成绩下降，甚至会参与干一些违法犯罪的事。

曾有新闻报道，一位 16 岁的男孩，父母离婚后，他跟着母亲一起生活。但离婚后的母亲变得情绪暴躁，对他非常严厉。男孩和母亲相处非常委屈和痛苦，无心学习，经常一个人在外面漫无目的地闲逛。

偶然在台球厅，他认识了几个哥们。他们一起打球，一起去酒吧、KTV，一起深夜在街头撸串、喝酒。他不再去学校，甚至彻夜不归。即便回家，也是为了向母亲要钱。后来，母亲拒绝给他钱，他一气之下收拾东西摔门离开。

因为没钱，他开始跟着哥们小偷小摸。有一次，他们发现一户人家的窗户开着，就翻进去偷走几条金项链和一部手机，结果被监控清楚地拍下。很快，他们就被抓获，送进了派出所。

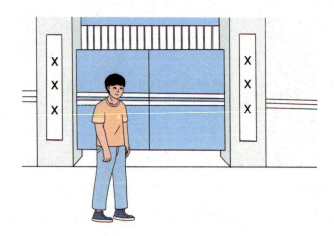

"毒友谊"就像毒品，对孩子的伤害超出我们的想象。古人言"近朱者赤，近墨者黑"，意思是，接近好人可以变好，接近坏人使人变坏。人是环境的产物，无论在什么阶段，客观环境的影响的确十分重要，而年纪越轻，尤其是青春期的孩子越容易受到影响。大量证据显示，青春期男孩如果和问题孩子交上朋友，那么他成为"坏孩子"的可能性会大大增加。

青春期男孩为何容易受不良同伴的影响

- 同伴规范
  - 同伴组成了一个强大的社会化环境
  - 青少年倾向于遵守这种环境中形成的规范
  - 行为会受到环境中同伴的影响
- 社会学习理论
  - 对身边的人进行观察模仿，并通过强化形成习惯
  - 有更多的机会模仿和学习同伴的行为
- 重要他人理论
  - 青少年时期，个体的重要他人是同伴
- 受欢迎的欲望
  - 希望在集体中受到欢迎，获得归属感
  - 想尝试加入群体中他人的行为，获得认同感

我们看到的是，男孩交了"坏"朋友，变坏了，那么孩子为什么会交"坏"朋友？比如，有男孩结交了"坏"朋友，成绩下降了，事实上，并不是因为他们交到了"坏"朋友，成绩才下降，而是因为成绩下降，才主动接近了"坏"朋友。

当男孩在学习中遇到障碍，无法顺利完成学习任务时，他们可能会因为面对学习成绩好的孩子而自卑，如此，他们就会转而跟同样学习成绩不好的同学在一起，互相倾听、吐槽、发泄，以寻求心理安慰。

男孩主动结交"坏"朋友，还可能与以下几个原因有关。

男孩为什么结交"坏"朋友
- 好奇刺激心理 —— 认为不良少年的行为都很酷
- 叛逆心理 —— 结交不良少年，彰显自己的个性
- 义气
  - 认为朋友最终要的是义气和仗义
  - 几个朋友里有一个认识了不良少年，其他人都跟着结交

对男孩来说，"坏"朋友不只包括那些骂脏话、干坏事，以及唆使孩子一起孤立某个同学，对抗老师等坏习惯的同学。也包括那些成绩不好还不努力的同学，爱虚荣喜攀比的同学，以及拉帮结派搞小团体，总是贬低、嘲笑别人的同学。

美国心理学家艾琳伦纳德博士说："毒朋友"最危险的地方在于，总有办法让人感到自卑、焦虑、不舒服，从而侵蚀一个人的自我意识，损害他的心理健康。

因此，"毒友谊"的问题需要受到我们的重视，父母多关注男孩的行为举止，及时介入，早早引导，以免男孩陷入"毒友谊"的旋涡。

只是，选择和谁交朋友，是男孩自己的事情，也是他的重要权利。帮男孩结束"毒友谊"的时候，要避免粗暴地干涉，寻找正确的方法加以引导。

那么，父母该如何教男孩警惕"毒友谊"，识别"坏"朋友呢？

教男孩思考，不给他的朋友贴标签

当发现男孩受到朋友的不良影响时，父母不要急着给他的朋友贴上"坏小孩"的标签，先观察，不诋毁、不指责，心平气和地说出对方不好的行为，引导孩子冷静地思考。

比如说，询问男孩："我看你朋友总是玩游戏，那他什么时候看书、写作业？一直都是这样吗？"引导男孩内省："朋友的习惯确实不对，那自己能接受吗？""如果接受，怎么保证自己不被影响？"

我们并不是要男孩认为朋友是"坏孩子"，而是给孩子一个缓冲的时间，让他们懂得分辨：这个朋友是否值得自己继续深交？同时学会内省自己，有则改之，无则加勉。

培养男孩的辨别能力

男孩在青春期，明辨是非的能力往往还比较弱，他们可能会和那些打架闹事的同学交朋友并模仿他们的行为，认为那是讲哥们义气、是勇敢。他们并没有意识到这种行为具体不好在哪里，父母可以给他们明确不良行为的弊端，以及带给自己和他人的不利影响，让男孩学会自我分辨。

给男孩"找朋友"

所谓"近朱者赤，近墨者黑"，父母可以主动帮助男孩发现和筛选"好朋友"。通过开家长会等活动对孩子的同学进行观察和了解，然后把发现的"好朋友"推荐给孩子，把观察到的"坏朋友"提醒给孩子。

4 网络社交，提醒男孩谨防网络交友陷阱

很多男孩在进入青春期后，更喜欢在网络上与同学、朋友聊天，甚至结交陌生人。但是他们在虚拟的空间里接触形形色色的"朋友"时，很容易被忽悠、被欺骗。

初中生小军玩手机游戏时，某游戏交友软件内有人申请添加他为好友，说想要让他教自己打游戏。小军恰好也想认识一下对方，于是欣然同意了对方的申请。通过好友之后，他们两个常常一起打游戏，很快，小军就把对方当成了好朋友。这个好朋友以"买游戏皮肤"等为理由，多次诱导小军用妈妈手机的支付宝给自己转账。等妈妈发现时，手机转账金额已过万，妈妈于是报了警。

男孩热衷于网络交友，一方面是因为网络聊天新奇刺激。在现实生活中，每个人眼睛看到的世界是很有限的，而在网络聊天中，由于看不到对方，只能通过语言和文字的交流一点点了解对方，给

网络那边的聊天对象披上了"神秘面纱"，这对男孩来说是非常新奇的体验。

另一方面是因为，社交平台交流方式的丰富，让网络聊天的感性取代了理性。在网上聊天可以使用不同的表情符号和标签，让男孩可以更好地表达自己的情感和个性，同时也可以更好地了解朋友的想法和情感。

比如"你好"在现实生活中是非常普通的一句问候语。可是在网络聊天中，当看到对方打出"你好"的时候，会自然地想象着对方说这话时的笑容和语气，甚至还会看见对方点了点头，以至于自己也会面带微笑地轻轻点起头来。这种感性体验，也可以说是幻想，会让男孩把情感和友谊看得无比细腻和美好。距离产生了美，也让男孩变得兴奋和激动，以至于沉迷其中，忘记了现实。

除此之外，网上交友、聊天的背后还隐藏着男孩很深的内心需求。

男孩沉迷网络交友，可能是因为在现实生活中感受到的孤独或是挫败感难以缓解，也可能是在现实中难以被关注、被理解。开放的网

络社交平台开拓了他们的视野，当他们在社交媒体上发表的观点得到他人认同时，这种正面反馈提升了他们的自信心和自我认同感。

另外，他们可以利用网络便捷和虚拟的特点，隐藏自己的真实人格和思想，在网络上把自己包装成理想的人。

同时，虚拟这一特点也让网络社交的多种隐患层出不穷，它可能给男孩带来以下危害。

①情感诈骗：在网络上的交友对象可能不是真实的。

②金钱诈骗：利用青春期男孩同情心强、防范意识弱的特点，用各种借口索要财物。

③信息泄露：男孩在网络上分享的个人信息被骗子利用。

④网络欺凌：他们可能会在男孩的社交媒体上发布恶意的评论，或者向他发送侮辱性的信息。

⑤影响社交能力：沉迷于网络交友，导致男孩难以在现实中与他人建立正常的人际关系。

⑥影响学习和工作：沉迷于社交媒体，影响男孩的学习和工作。

如果男孩能够正确对待网络聊天，把它当成与他人交流的普通工具，这本来也没什么不对，可是如果他们沉迷其中，就很有可能会给学习和生活带来大问题。

那么，父母应该如何提醒男孩谨防网络交友陷阱呢？

提醒男孩区分真实朋友和虚假朋友

男孩应该注意区分网络与现实生活的界限，不轻信网上信息及网友所言。提醒男孩，不要追求在社交媒体上的"点赞"，以及社交圈子的扩大。真正的好朋友是对他好的人，不会提出不合理和令他为难的要求，比如瞒着家长偷偷会面，或者偷偷用家长手机转账等。

提醒男孩保护个人隐私

提醒男孩他们发布的信息可能会被广泛传播，包括照片、地理位置和个人资料。让他们慎重选择想发布的内容，并提醒他们不要轻信陌生人的请求或诱饵。

另外，教男孩正确设置隐私选项，限制谁可以查看他们的信息并联系他们，不要随意接受陌生人的好友请求。需要让他们明确知道，个人信息的保护是非常重要的，不应随意泄露个人信息。

提醒男孩不能私下独自面见网友

父母需要让男孩明白，网上既有好人也有坏人，谁也不能保证网线的另一端会是什么人，与他们独自见面有潜在的危险。

网络交友跟现实交友如出一辙，都需要经过长时间相处，才能了解对方。在没有完全了解对方之前，不能轻易相信对方，更不能

私下与对方单独见面。

提醒男孩预防网恋风险

朦胧又浪漫的网恋世界，吸引着众多男孩陷入其中，尤其是青春期的男孩。父母一定要告知男孩网络的风险，你认为对方是个乖巧可人的小女孩，对你充满崇拜和仰慕。而实际上，对方可能是个中年大叔，一心想着骗你的钱，或者骗取你的私密照片。

父母可以通过新闻，或者身边的事件，帮助男孩揭开网恋的神秘面纱，让他认识网恋的危害，以避免他出于好奇而去尝试网恋。

第六章

合理消费，培养男孩良好的消费观

1 适度满足，教男孩正确认识攀比和虚荣

　　进入青春期后，孩子的生理和心理都在从幼稚向成熟过渡，他们对于很多事情还没有能够形成正确的价值观。在青春期的男孩中间，经常存在着虚荣心和攀比行为。

　　与以往相比，青春期男孩之间的攀比，不再只局限在服装、鞋子等服饰上，还出现了各种"新型攀比"的现象，例如攀比手机、游戏装备、皮肤等。有时候，这种攀比十分夸张，甚至超出想象。

是吗？真不错。回头也让我妈给我买一双。

你看，这是我妈刚给我买的最新款鞋，三千多块呢。

父母可能不明白孩子之间为什么会存在攀比现象，但其实这种攀比行为的盛行，是由多方面的原因造成的。

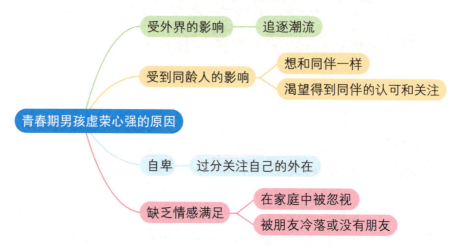

青春期的男孩喜欢攀比，主要在于父母的过度满足。父母都想给孩子最好的东西，不想让孩子在物质上受一丁点儿委屈，为此不惜倾尽所有。

有些父母过度满足孩子，是因为自己比较忙，对孩子疏于照管，或是因为其他原因不能很好地照顾孩子，内心总是感觉对孩子有所亏欠，便会选择用物质的形式来弥补孩子。孩子只要提出要求，就一定会被满足。

有些父母不想拒绝孩子的要求，则是为了和孩子保持良好的亲子关系。他们生怕自己的拒绝，会让孩子感到生气，从此不再亲近自己，更害怕自己的"小气"会影响他们在孩子心目中的形象。

电影《银河补习班》里有这样一个情节，儿子想要一台价格昂贵的电脑，爸爸为了满足儿子的心愿，跑到工地上去搬砖，甚至不惜卖血。这样的父爱确实令人感动，但这样过度的满足也可能会害了孩子。

在物质上过度满足男孩，会带来以下危害。

①降低孩子的主动性：剥夺了孩子努力争取的机会。

②导致孩子价值外化：把注意力放在外在、肤浅的事情上，从而忽略了内在价值的培养。

③削弱抗挫折力：物质生活过于优越，总是在父母的过度呵护下，内心会变得脆弱，就像温室中的幼苗，经不起风吹雨打。

④变得自私自利：如果孩子提出要求就会被满足，孩子就容易变得自私自利，可能会对爸爸、妈妈发脾气，以爱的名义要挟父母。

男孩在物质上被过度满足，相当于给孩子创造了一个安逸的外在环境，孩子得不到历练，主动性被降低，价值感被伤害，抗挫折能力被削弱，这会让男孩变得脆弱、依赖性强，在未来缺乏竞争力。

对于男孩正当的需求，父母在力所能及的范围内，可以予以满足。但每个家庭的经济条件和现实情况都不相同，对孩子的一些要求和欲望，比如，买名牌手机、潮牌运动鞋、报名学费高昂的课程、去海外旅游或游学，能够满足的程度也不同。是否要满足、满足多少，可以视家庭的实际情况和当时的具体情形而定。

那么，面对孩子的攀比心理和行为，父母应该如何耐心地与孩子沟通，并做出正确的引导呢？

理解孩子对于物质的渴求

发现孩子在物质上面提出要求，或是有了攀比的行为时，不妨先耐心听听孩子心里在想些什么，了解在这些行为背后，他们真正的需求是什么，这样能够避免和孩子发生冲突，还可以趁机给孩子讲讲正确的消费观。

让孩子用自己的钱购买

孩子想要某个东西时，可以告诉他，要么自己想办法攒钱，要

么就降低自己的欲望。让孩子未来用自己赚的钱去买，而不是用父母的钱去攀比。可以对孩子说："爸爸、妈妈可以满足你必要的请求，对于那些攀比性消费，你可以在未来靠自己的能力赚钱去买。因为你现在没有独立赚钱的能力，任何人，包括爸爸、妈妈，都没有义务为你的虚荣心买单。"

给孩子的物质需求设定规则

购物之前，父母可以事先和孩子明确价格上限，规定孩子只能在这个区间里面挑选心仪的东西。而且，父母还可以制定一些物品更换的规则，比如，手机等贵重物品，只有在损坏时才能更换。规则制定好后，就要坚定地予以执行。就算孩子再怎么哭闹，父母也不能妥协，这是为了让孩子知道，尽管父母爱他，超出家庭承受能力的物质需求也不能被满足。

2 体验赚钱，让男孩懂得珍惜金钱

教育家默克尔说："金钱教育是人生的必修课，是儿童教育的重心，就如同金钱是家庭的重心一样"。金钱教育，其实就是在教育孩子拥有正确的金钱观。因为孩子的金钱观将会影响他的一生。

不过，很多孩子的金钱意识很淡薄，甚至到了青春期的时候，他们仍然缺乏正确的金钱观，这会给他们的未来带来很大的隐患。

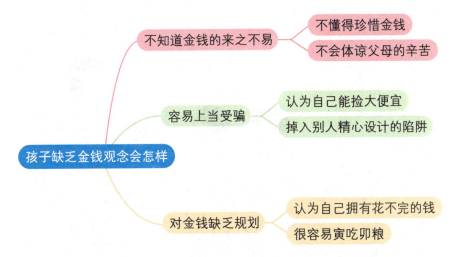

有一位心理学家说："很多孩子花钱大手大脚，不是故意铺张浪费，而是在孩子眼中，根本就没有浪费这个意识，没有金钱观念。"他们对金钱没有概念，买东西刷一下手机就付款了，好像钱在手机里取之不尽一样。

他们不知道钱来自何处，没了钱就只管找父母要，这会让他们有一种父母赚钱很轻松，钱很容易就能够得到的错觉。

从心理学的角度来说，人们总是倾向于珍惜那些难以获得的东西，认为难以获得的东西一定更有价值，而对于唾手可得的东西往往视而不见、满不在乎。这种心理倾向被称为"稀缺效应"。

稀缺性被认为是独特和珍贵的象征，触发了人们想要争取的本能。对于青春期的男孩来说，正是因为感觉金钱来得太容易，才花起钱来大手大脚，造成铺张浪费的情况。想让孩子珍惜金钱，就可以让孩子体验赚钱的不易。

天宇是个电脑发烧友，电脑刚买一年多，就想换新的。爸爸以他的电脑还能用，根本不需要更换为由，拒绝了他。天宇很不开心，爸爸见状说道："你已经12岁了，该学会自食其力了。如果你想要换电脑，就自己赚钱来买吧。"

正好放暑假了，天宇决定去赚点钱。他批发了50根雪糕，装在一个泡沫箱里，来到附近一个人比较多的公园广场。

可是，他看着来来往往的人，怎么也张不开口吆喝。挣扎了足足有半个小时，他才鼓起勇气小声问旁边的一个小朋友："要不要吃雪糕？"孩子立马被妈妈拉走了，天宇很是尴尬。

再要卖不出去，就得赔钱了。天宇终于厚下脸皮，开始不停走动，推销自己的雪糕。

整整半天，他累得浑身都快散架了，雪糕还剩下十几根没卖掉。算算账，赚了不到30元。

回到家，他就取消了换新电脑的计划。他对爸爸说："没想到赚钱这么不容易，以前我花钱太不知道节省了。"

十几岁的孩子年龄还小，他们还不能做到完全地自食其力。不过，父母有责任向他们传达出这种独立自主的理念，并且给他们创造条件，让他们尽早体会到靠自己劳动赚钱的不易。

体验赚钱还能培养男孩自力更生、自立自强的好习惯。"父母之爱子，则为之计深远"，父母的爱并不能陪伴他们一生。学会赚钱能让他们学会不依赖于父母，今后更勇敢地去应对生活的挑战。

那么，有哪些方式可以让孩子体验如何赚钱呢？

带孩子去父母的工作地点

条件允许的话，父母可以带孩子去自己的工作地点感受一下。如果可以的话，让孩子参与自己的工作，让他们知道父母每天都在做些什么，是怎样赚到钱的。

　　一位妈妈在市场里卖菜，儿子放假，她就让儿子过来帮忙。开始，儿子不好意思招揽顾客，慢慢地，他也学着妈妈向顾客介绍各种蔬菜，帮忙装袋、称重，还会抢着帮妈妈整理、打扫摊位。收摊了，妈妈要给他买一杯平时他爱喝的冰沙，他都会拒绝说："妈妈，有矿泉水就可以了。"

勤工俭学

　　在不影响学习的情况下，孩子可以利用假期的时间做一些兼职工作来赚取一定的报酬。孩子在勤工俭学时，可以寻找一些工作时间不长、容易操作且没有危险的工作，比如，发传单、在快餐店做服务员等适合学生的兼职项目，既能体会到劳动的意义，又能积累一定的经验。

　　不过，需要注意的是，如果在网络上寻找兼职工作，要提醒孩子不要相信刷单、出租账号之类的招聘信息，避免掉入骗子的陷阱。

让孩子通过技能赚钱

　　假如孩子拥有某项技能，也可以通过技能给别人提供服务来赚取金钱。如果孩子的书法很好，可以给家里或邻居写春联，从而得到相应的经济奖励。当孩子这样做的时候，就能意识到一技之长能够赚到钱，想要赚到更多的钱，就要不断地为别人服务，并且还要不断提升自己的技能。当孩子的能力越来越强时，赚钱的途径也会越来越广。

3 零花钱，怎么给才合理

男孩到了青春期之后，就会有自己的主见，也有了购物的需求。可以说，人生中第一次对"钱"产生明确渴望的时期，就是在青春期。当他们看到别的同学都有零花钱，可以买喜欢的东西时，心里就会不由得羡慕。

当有同学送自己礼物，或者请自己吃东西，男孩也会礼尚往来，想着尽快还对方"人情"。

谢谢，明天我请你吃。

给，我请你吃雪糕。

不过，和孩子对钱的渴望形成鲜明对比的是，很多父母都会纠结要不要给孩子零花钱。之所以纠结，是因为父母害怕孩子有了钱会肆意挥霍，或者认为在平时的吃穿用度上自己已经全部买单了，孩子还有什么地方需要花钱呢？殊不知，从小"给零花钱"和"不给零花钱"的孩子，长大后会有很大的不同。

孩子小时候有零花钱和没有零花钱的区别

差距	给孩子零花钱	不给孩子零花钱
对生活费的管控能力	知道如何去支配钱。	钱总是不够用。
对钱的态度	懂得驾驭金钱，运用财富，不会变成钱的奴隶。	对钱很贪婪，很容易被钱所迷惑。对钱无所谓，没有存钱的意识。

从小没有零花钱的孩子，长大后容易走上两种极端。有人对钱财会产生强烈的占有欲，容易被蝇头小利所迷惑，变得贪婪、自私，甚至为了赚钱走上歪路。有人成年后，经常入不敷出，甚至成为"月光族"，根本存不下钱。

孩子有了零花钱，才会对钱产生概念，通过一次次实践，掌握支配金钱的能力。在给零花钱之前，我们先来了解一下，孩子对金钱的意识，随着年龄的增长会有哪些变化。

0—2岁的孩子，对金钱没有意识。钱在他们眼里只是一种玩具，是一张纸。

3—6岁的孩子，对钱的价值已经有了朦胧的意识。他们虽然不认识钱，不理解"买卖"的概念，但却知道钱能"换"来东西。

7—10岁的孩子，已经对钱有了简单的认识，他们能对钱进行计算，而且知道钱可以买东西，对买卖行为也很感兴趣。

11—13岁的孩子，清楚地认识到钱的交换功能，知道有了钱可以满足日常生活和学习的需要。

14—17岁的孩子，认识到金钱除了物质上的交换功能，还具有精神和社会功能。18岁以上的孩子则开始有了钱生钱的意识。

十几岁的男孩对金钱已经有了比较深入的认识，并对金钱有了强烈的向往。当他伸手向父母要钱，如果被回绝，会让他感到绝望，甚至愤怒。当他看到别人有零花钱，而自己没有时，会感到自卑。有的男孩为了得到钱，甚至不惜铤而走险，出现偷窃等违法行为。

所以，对于十几岁的青春期男孩，父母可以适当、有规划地给零用钱。给孩子零用钱实际上也是对他的一种信任，同时也可以锻炼他对金钱的驾驭能力。

在男孩六七岁的时候，就可以给零花钱了。但给孩子零花钱，也不能随便给。那么，当男孩进入青春期，父母应该怎么给零花钱才合适呢？

数量合适

给孩子多少零花钱，应该取决于孩子的年龄和需求。通常来说，小学生每个月的零花钱大概在 50 元左右，初中生在 80 元左右，高中生在 100 元左右。不过，零花钱的具体数额还要根据家庭的经济状况和孩子的实际需求来决定。父母不要过度慷慨，给家庭造成不必要的负担，也不要过度苛刻，随意压制孩子的正常需求。

时间固定

给孩子零花钱的时间，可以和孩子商定一个固定的时间，可以是每个月，也可以是每个季度。时间确定之后，钱就要按时给孩子。如果因为什么原因没有给或给不了，要和孩子说明情况，提出解决方法。千万不能没有理由地随便克扣，这会让父母失去在孩子心目中的威信。

适当拒绝

假如孩子提出要更多的零花钱，父母不要直接就给，而是应该询问一下缘由。如果孩子的理由正当，可以同意。如果要求不合理，要学会拒绝。

不过，在拒绝的时候，要注意语气和态度，做到温和地拒绝，不要伤害孩子的自尊心。除了拒绝之外，还要详细地阐述理由，告诉孩子为什么自己不同意，让他明白事理。还可以想想有没有替代方法，比如，让孩子通过劳动来获得额外的零花钱。

4 压岁钱，引导男孩合理管理

每到过年，孩子都会收到长辈发给自己的压岁钱，少则几百，多则上万。对于不赚钱的孩子来说，这无疑是一笔巨款。关于如何处理这笔钱，父母往往会和孩子产生分歧。孩子认为压岁钱是长辈给自己的，理应由自己管理，而父母大多不放心，觉得自己代为保管更好。

当孩子处在幼儿阶段时，压岁钱确实可以交给父母代为保管。当孩子进入青春期，有了独立意识，就非常渴望压岁钱由自己保管。如果父母还想强行代管压岁钱，男孩会认为父母侵犯了他的个人权益，由此引发孩子的逆反心理。

孩子处在不同的年龄段时，他们收到的压岁钱就应该用不同的方法进行管理，一方面可以对孩子进行符合年龄的金钱观教育，一方面又能将压岁钱进行合理的分配。

不同年龄段的孩子如何管理压岁钱

阶段	年龄	处理方法	金钱观教育
幼儿阶段	2—3 岁	父母帮孩子存起来	认识金钱，学习货币的名称
	4—5 岁		辨别金钱价值
小学阶段	6—8 岁	存或花，尊重孩子意愿	了解"银行"和"储蓄"
	9—12 岁		认识"价格"，学会"价格比较"，区分"必要"和"想要"的概念
中学阶段	13—18 岁	引导孩子把压岁钱存起来	学会计划，并按照计划实施

青春期的男孩，他们更加追求独立处理金钱的权利，不过因为认知和经验有限，他们可能会不知道怎么管理，或管理不好压岁钱。这时候，父母最好不要过多地参与孩子对压岁钱的支配，而是更多地引导他们去学习如何管理自己的压岁钱。比如，父母可以引导孩子把钱分为三部分进行管理。

妈妈，这是我今年收到的压岁钱，我可以自己保管吗？

可以啊。我建议你把它分为三部分。

　　压岁钱代表着长辈的关爱和祝福，孩子除了将压岁钱用在自己身上外，还可以用来给长辈购买礼物，表达尊敬之情，也可以将钱捐助给有困难的人，让压岁钱更有价值，使用得更有意义。

　　带着孩子一起管理压岁钱，和孩子一起制定分配方案，能帮助孩子有效地管理自己的财务状况。当然，在处理压岁钱时，也不能一概而论，而是需要根据孩子的年龄大小、消费需求、性格特点和家庭的具体情况来做规划。

　　那么，父母该如何帮助孩子处理压岁钱，才能让孩子既感受到有压岁钱的快乐，又能不乱消费呢？

管理较大金额的压岁钱

　　当孩子收到的压岁钱金额在万元以上，就属于金额比较大的情况。面对这么大一笔钱，孩子肯定是没有处理经验的。父母可以帮孩子做一个合理的规划，建议将钱分为两个部分处理：一半存在孩子的银行账户内，作为今后的学费或教育金。另一半可以合理支配，当作孩子平时的零花钱或用作其他消费。

管理中等金额的压岁钱

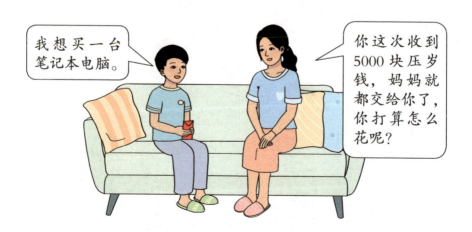

我想买一台笔记本电脑。

你这次收到5000块压岁钱，妈妈就都交给你了，你打算怎么花呢？

当孩子收到的压岁钱金额在数千元左右时，就属于中等金额。这时可以交给孩子自行保管。孩子可以将钱用来购买想要的东西，或是根据个人意愿进行大额的消费，但前提是消费的理由要足够充分，不能随意乱花。如果孩子没有大额花费，也可以当作零花钱分配。

管理金额较小的压岁钱

当孩子收到的压岁钱在千元以下时，就可以将这笔钱完全当作孩子的零花钱使用。让孩子记录下一共收到多少压岁钱，再将钱按照每月或每周进行平均分配，并让孩子将每笔花销做好记录，方便日后整理回顾。

5 学习理财，培养男孩的财商

财商，指的是一个人在财务方面的智力，是理财的智慧。这个词最早是由美国作家兼企业家罗伯特·T·清崎在《富爸爸穷爸爸》一书中提出的。具体来说，财商指的是一个人对于金钱的认识和驾驭金钱的能力。

在人的一生中，青少年时期是财商形成的最佳时间段。财商已经和智商、情商一起被教育学家列入青少年应该接受的"三商"教育。

很多父母觉得孩子现在没有工作，不能赚钱，谈理财是否太早？其实，理财不只是让财富增长，它更重要的目的是培养男孩对金钱的掌控力。

"股神"巴菲特在 11 岁的时候，就用 114 美元开始投资理财。当时"城市服务公司"的股价为每股 38 美元，小巴菲特和姐姐合伙购买了 3 股。股票上涨到 40 美元后，他将股票抛出，赚到了 6 美元，这是他人生中的第一桶金。

巴菲特作为超级富豪，他最初的理财生涯也是从赚到的 6 美元开始的。理财能力，将是帮助男孩在未来披荆斩棘的重要武器。

孩子在五六岁的时候，就应该学习一些基本的理财知识和技能，比如，认识人民币的面值和种类，认识银行。幼儿园和小学阶段，可以通过了解人民币知识、交换闲置物品等培养孩子的财富观念。到中学阶段，孩子需要学习的理财知识就更多了，可以适度地让他们了解一些金融常识，像利息、复利、保险规划、税务等。

教孩子如何攒钱，并不是财商教育的唯一目的。财商教育更重要的是要教会孩子如何管理钱。青春期男孩需要了解的理财知识包括以下内容。

①储蓄：个人将暂时不用的钱款存入银行就形成了储蓄存款。学会储蓄并制定预算是财务管理的基础。

②利息：也叫子金，是母金（本金）的对称，是资金持有者在借出资金时取得的报酬，包括存款利息、贷款利息和各种债券发生的利息。

③复利：也就是通常所说的"利生利""利滚利"，指的是本金和上一个计息周期所得的利息加在一起，共同产生的利息。不仅本金产生利息，之前的利息也会产生利息。

④保险：投保人依照合同向保险公司支付保险费，当合同上约定的事故造成保险人财产损失，或被保险人死亡、伤残、疾病等条件发生时，保险公司将承担赔偿责任。

⑤债务：是一种法律关系。债权人向债务人提供资金，债务人要在约定的时间内偿还资金，并支付利息。像信用卡的使用，也是一种债务关系。

⑥税收：国家按照法律规定的标准和程序，强制取得财政收入的一种形式。与个人关系最大的是个人所得税。

市面上有很多不同种类的理财工具，每种工具的理财方式、渠道、特点和风险各不相同。孩子可以通过下面这个表格，去了解理财工具，并根据个人情况选择适合自己的理财工具。

不同理财工具的风险对比

理财工具	特点	优点	缺点
储蓄	最安全的资产增值方式	风险最小 可以应急	收益相对较低 可能会输给通胀 定期存款流动性较差
债券	具有固定利率和期限	风险相对较低 本金保障能力强 收益稳定	收益率相对较低 资金流动性不高
货币基金	由短期债券和其他货币市场工具组成	低风险 高流动性 本金保障能力强 收益率相对较高	收益不固定，受市场利率波动影响
P2P 网贷	通过互联网平台直接借贷	投资门槛低 收益高 操作简单	风险较高
股票	认购后不能退股，只能转让	收益高 流动性高 投资范围广	风险最高 没有保障 需要专业知识

很多孩子没有生存压力，所以不理解投资的概念，也不会理财。但正确地认识金钱、运用金钱、投资理财，是他们一生都要学习和掌握的能力。那么，父母要如何对孩子进行理财教育，开发他们的理财思维呢？

让孩子参与家庭的财务规划

创造机会让孩子参与到家庭的财务管理和规划中来，通过具体的事务，能够让他对理财有更直观的感受。具体的方法，比如，让孩子适当地了解家庭的开支和收入状况，做好记账等工作；参与家庭日常的采购和开销，像交纳各种费用、参与贵重和大件商品的价格对比和购买、对旅行的相关费用进行规划等；参与家庭未来的重要规划，诸如家庭预算、还贷、买房、投资等重要事项的规划和建议等。

让孩子尝试进行小额的投资

只是传授给孩子理财的理论知识还不够，还需要实践操作才能掌握理财这项技能。可以让孩子尝试小额的投资理财，比如，定期存款、债券、基金、银行理财产品等风险较低的投资方式，有投资基础的孩子还可以去了解股票等风险较高的投资方式。在这个过程中，如果遇到问题，父母可以启发孩子自己去独立思考，分析之后，让他自己提出解决方案。当然，父母适当的监督和引导也是必不可少的，这样可以避免孩子出现不理性或贪婪的情况，导致过多的损失。

第七章

积极沟通，用尊重和爱化解叛逆

1 认真倾听是有效沟通的开始

《法国妈妈育儿经》的作者帕梅拉·德鲁克曼说："即使孩子有不对的地方，父母也有责任倾听并且领会他们的动机。孩子有不同寻常的反应时，背后一定是有原因的。"尤其当男孩进入青春期，更加需要父母耐心的倾听。

一位妈妈非常苦恼，自从大儿子上了初中，就像换了一个人，总是和弟弟起冲突，把弟弟弄哭。开始，她听到小儿子哭就烦躁，忍不住批评大儿子不懂事："你比弟弟大7岁，为什么要惹弟弟哭？为什么不能让着弟弟？"大儿子的行为非但没有收敛，反而愈发严重。

后来，这个妈妈学了一招，在弟弟又一次躺地上哭闹的时候，妈妈没有像之前那样训斥哥哥，而是问他："你能告诉我，发生了什么吗？我知道你不会无缘无故打弟弟的。"

听了妈妈的话，大儿子明显怔了一下，才指着弟弟说："我正在看书，是他拿个玩具枪先打我的。"妈妈这才意识到，自己每次都责怪大儿子，而事实上这并非大儿子的过错。她立即对大儿子说："对不起，儿子，我以前冤枉你了，我没有了解情况，就怪你欺负弟弟……"

从那之后，大儿子很少再把弟弟弄哭，相反，他经常带弟弟一起玩。

男孩进入青春期，他们逐渐具备了独立见解和判断的能力，对事物有了自己的主张。他们极度渴望脱离父母的掌控，实现独立、自主和自由，特别是实现话语权自由。

青春期男孩需要的话语权

	表现	目的
允许吐槽	吐槽老师布置的作业多、电视剧剧情狗血、各种社会现象……	借助批判的态度，表达我的"不同"，证明自己已经是个大人了。
允许说网络流行语	热衷各种"我也是醉了""No作NO die""跪求""吓死宝宝了"等。	表达"我已经长大了"，我已经"和社会接轨了"的想法。
允许辩解	感觉被冤枉、被误会的时候，为自己辩解。只要做错事，不管是不是自己的责任，都会辩解几句。	想要证明自己是对的，希望表达自己的观点和意见，追求独立性和自主性。
允许发表意见	发表自己独特的见解，主观意味强烈，不接受反驳。	获得认同，证明自己是有主见的人。

男孩进入青春叛逆期后，特别想用行动证明自己已经长大。成

为大人的特点就是，可以自己说了算，所以，他迫切需要从父母那里拿回属于自己的话语权。如果不能被满足，或者被压制，男孩的反抗就开始了。

有时候，父母觉得孩子是在无理取闹、故意找碴儿，其实他们是渴望被听见。倾听，代表父母对孩子的尊重和关注。当孩子感受到被理解和认可时，他们往往会表现出积极的合作意愿。倾听，也可以帮助孩子释放情绪。孩子在情绪不佳的时候，往往难以理性思考。通过倾听，父母可以了解孩子的内心感受，帮助他们平复情绪，进而引导他们找到解决问题的方法。

认真倾听，是帮助父母了解孩子，打造高效沟通的第一步。在和叛逆期男孩沟通的过程中，如何才能做到有效倾听。

不打断

在孩子讲述事情或陈述想法的时候，会涉及自己面临的困境，与同学间的矛盾、分歧，对某些事的感受等。这个时候，孩子多半是在释放情绪，如果中途打断，不仅影响孩子自然、坦诚、自由的表达，也会让孩子的负面情绪得不到释放，积压在内心。父母只要带上耳朵，闭上嘴巴，耐心倾听，不打断。

不评价

不管父母在心里认为孩子的观点正确与否，都要忍住不评判。一旦父母否定孩子的看法，孩子就会建立起心理防御，不愿再听父母说什么，而且做好了争辩到底的准备。

比如，孩子写作业的时候抱怨"作业太难了，不会写。"父母要把"你上课没听吗？""你就是不爱动脑子"这类话语，换成"今天的作业确实有点儿难，你需要帮助吗？"

使用肢体语言

在和孩子沟通的过程中，正确使用肢体语言可以有效辅助沟通。比如，保持微微前倾的身体，善意的目光接触，鼓励的眼神，适时地点头和微笑，以及适度的拥抱和触摸等，都能让孩子感觉到你在倾听。

给予积极反馈

倾听的过程如果一味沉默，沟通就无法进行。在沟通的过程中，可以尝试用"我想听听你的看法""你能具体说说吗？""你还有其他想法吗？""你是怎么做到的？""后来发生了什么？"等积极的提问，鼓励孩子说出更多有关情况和细节，同时也引导孩子思考。

2 共情是亲子沟通最好的桥梁

共情，是由人本主义创始人罗杰斯提出的概念，也被称为同感、同理心。共情是一种能力。具有共情能力的人可以通过别人的言行，深入对方的内心世界去体验他的感受和思维模式，再通过一定的沟通技巧把自己的共情传达给对方。

共情是一种要求较高、复杂、强烈而又温和、细微的沟通方式。它通常包括以下几个方面的能力。

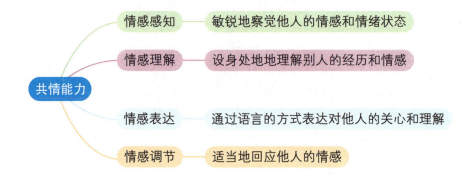

共情对于孩子的教育非常重要。想要做到共情，父母首先要尊重和接纳孩子的情绪或行为，然后才能更好地帮助孩子建立正确良好的心理认知。

共情式教育做到了先"通情"，然后"达理"，先让孩子知道父母真正理解了他们的无奈、焦虑和愤怒，然后孩子才愿意在沟通中敞开心扉。

男孩进入青春期后，心理特征会发生以下变化。

①认知能力的快速发展。这个阶段的孩子思维十分活跃，对事物的认知比较快，他们的记忆力、学习能力、概括能力很强，想象力丰富，极容易接受新鲜事物。

②自我意识增强。这个阶段的孩子自我意识逐渐高涨，希望能获得别人的尊重，追求独立和自由，从而容易出现与父母矛盾冲突的现象。

③心理的叛逆。这个阶段的孩子大多比较叛逆，对父母、老师的建议不屑一顾，容易出现抵触情绪。情绪波动较大时，还可能会

出现打架、冷战等行为。

由此可见，由于认知能力的发展和自我意识的增强，青春期的孩子渴望能够自由表达，并且希望得到父母的理解和接纳。一旦遭受否定和批评，他们就会想要逃离父母的控制。想要让孩子敞开心扉地接受自己的教育，就要先理解和接纳孩子的感受，做到和他们共情。

孩子表达出情绪，并且被理解之后，情绪才能得到安抚，"情绪脑"就不会那么活跃，信息就能够传输到"理智脑"，他们才能冷静下来思考和接受父母的建议。

我们可以来想象这样一个场景。

某天下班回家后，爸爸发现地上有一个摔碎的杯子。妈妈和孩子都很生气。孩子说："气死我了！杯子不是我摔的，妈妈就是不相信我！"如果爸爸这样回应：

①"你妈能冤枉你吗？"

②"你妈为什么说是你摔的？你不知道吗？"

③"你妈妈每天那么累，你理解下她。"

这些回应，都是典型地没有共情。不仅不能安抚孩子的情绪，还会火上浇油，激化矛盾，让孩子情绪更激动。

那么，共情式的回应是什么样的？

①表达感受："你觉得妈妈冤枉了你，所以你很生气。"

②表达感受＋理解："你觉得妈妈冤枉了你，你很生气，你希望她能听听你的解释。"

③表达感受＋理解＋指导："你觉得妈妈冤枉了你，你很生气，你希望她能听听你的解释。现在，你也可以和我说说。"

客观地表达感受，男孩的情绪被看到，他的愤怒就会稀释，孩子就会逐渐冷静下来。

表达感受＋理解，说明父母正在努力站在孩子的角度思考，男孩会感觉到被信任和被尊重的温暖。

表达感受＋理解＋指导，男孩感受到的不仅是被信任，还有被支持。

这种方式是通过层层递进，去看见和接纳孩子的感受，然后站在孩子的角度帮他想解决办法。整个沟通过程也许不长，却能让孩子尽快平复情绪，乐意接受父母的建议。

对于叛逆期的男孩，父母无法控制他的想法，但父母可以通过共情式沟通，来了解他，引导他做出改变。那么，日常生活中，该如何与男孩进行共情式沟通？

观察孩子的非语言信息

孩子表达情绪时，除了语言之外，还会有其他非语言信息，包括表情、语调、肢体动作等。如果父母注意观察孩子的表情、动作，体会孩子的内心，就能从中觉察出孩子的内在情绪，然后再用精准的语言反馈给孩子。

比如，爸爸发现男孩情绪不对，可以尝试问问他，是不是发生什么事了？或者描述一下他的情绪，再引导他表达。如果他坚持"没什么事"。什么也不肯说，也不必强迫。

看到孩子的深层情绪

有时，孩子只是将自己表面的情绪表达了出来，但是，如果父母的觉察力比较敏锐，就能够发觉到孩子深层的情绪。

比如，当孩子倾诉，说朋友觉得他太胖。如果父母只是安慰，说："爸爸/妈妈觉得你一点儿都不胖。"或"胖就胖呗，你别理他不就得了。"这些话对青春期的孩子起不到什么帮助，他们会认为父母不理解他。换一种思维，可以和孩子这么说："你是不是害怕自己在朋友面前没面子？""你是不是希望大家都喜欢你？"让孩子意识到自己的深层情绪，才能方便父母和孩子进一步地交流。

被同学说胖，你觉得很没面子吧？

3 叛逆期男孩，就别给他讲大道理了

思想家卢梭说过："三种对孩子不但无益反而有害的教育方法就是：讲道理、发脾气以及刻意感动。"面对父母的说教，孩子通常不太愿意接受，更别说是处在青春期的叛逆男孩了。

父母总是和孩子讲道理，容易让孩子更加逆反。心理学上有个名词叫作"超限效应"，指的是刺激过多、过强或者时间过久，往往会引起对方不耐烦或逆反的心理。父母反复用大道理来教育孩子，一旦超过了孩子心理承受的最大阈值，反倒会引起孩子的反感和抵触心理。有些孩子的脾气会变得很暴躁，不愿意听父母唠叨。

总是和男孩讲道理，并不能让他认识错误并改正错误，反而会强化他对于错误的印象，他不但不会改正自己的错误，甚至会变本加厉地犯错。另外，一味给男孩讲道理，还不允许反驳，也会压抑男孩内心的真实感受，让他变得越来越封闭，不敢表达内心的想法。

和青春期的孩子讲道理，无论抱着什么样的目的，有着怎样华丽的开场，最后的结局只能是惨淡收场。那么，青春期的孩子为什么不喜欢听道理呢?

哈佛大学医学博士丹尼尔·西格尔和脑科学家蒂娜·佩恩·布赖森有一项研究，里面曾提到过："孩子听不进去大道理，原因在于父母养育孩子的方法不符合大脑发展规律。"

著名神经科学家保罗·麦克莱恩也是前文所述《认识觉醒》一书的作者，他提出的"三位一体大脑理论"，即本能脑、情绪脑和理智脑。这三部分大脑的发育有着先后顺序，控制情绪的"情绪脑"，它的发育要早于控制理智的"理智脑"。这也是父母总感觉孩子的情绪高于理智的原因。父母总想让一个情绪不稳定的男孩变得理性，那么结果可想而知。

本能脑　发育最早，2 岁已经完善

大脑发育不均衡　情绪脑　12 岁才能趋于完善

理智脑　发育最晚，25 岁才能基本发育成熟

孩子为何不爱听大道理

有自己的想法和主见

对很多事物有了自己的判断

喜欢用自己的逻辑和价值理念来论证事物

　　孩子在十岁左右，就已经逐渐具备了是非价值判断的能力。遇到一件事的时候，他们会自己做出判断，并且有着自己的想法和主见。他们心里有一套自以为科学合理和滴水不漏的逻辑，特别希望能用自己的那一套价值观念对事物进行诠释和论证。

　　父母这时候和他们讲大道理，即便只是就事论事，可是却因为没有真正了解他们内心的真实想法，更没有弄懂他们那一套道理，而让孩子感到烦躁。

　　心理学家李玫瑾教授提出了一个有趣的观点："6 岁前父母的话是金子，要不停唠叨，12 岁后父母的话是垃圾。"既然大道理没有用，那父母为什么仍然热衷于讲大道理呢？

　　①为了让孩子避开他们走过的弯路，少吃他们吃过的亏。特别是不成功的父母对孩子抱有很大的期望，格外希望孩子能够比他们好，让孩子代替自己成功。

　　②内心自卑。从心理学角度来讲，自卑的人常会通过给别人讲道理，显示自己比别人强来证明自己的能力。

　　③控制欲。父母觉得自己经历的事情多，经验比孩子丰富，孩

子就得听自己的。认为听父母的话对孩子来讲只有好处、没有坏处，父母不会害他。

有研究曾指出，父母和孩子讲的话，孩子真正听的内容，只占到7%，而其余的93%，则是父母的语气、语调和态度。

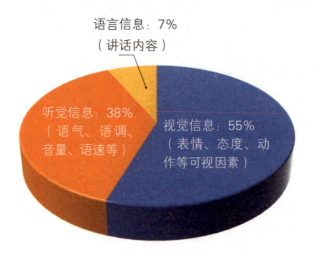

语言信息：7%
（讲话内容）

听觉信息：38%
（语气、语调、音量、语速等）

视觉信息：55%
（表情、态度、动作等可视因素）

不能和孩子讲道理时，父母就要和孩子谈感情。从感情方面入手，孩子更容易接受，还能减少叛逆的情况。那么，相比于大道理，父母应该如何与孩子谈感情呢？

接纳孩子的情绪

在讲道理前，先接纳孩子的情绪，特别是负面情绪。站在孩子的角度去看待问题，能让孩子感到父母对他的支持、尊重和理解。听取孩子的心声，给孩子解释的机会，才能让孩子反省自己的错误。孩子的路应该由他自己去走，给他试错的机会，孩子会更容易接受。

以柔克刚

教育孩子时，硬碰硬只会两败俱伤。比起高高在上的说教，用幽默调侃的方式劝说孩子，既能避免产生正面冲突，又能让孩子更容易接受。比如，天冷时，孩子穿很少的衣服出门，父母觉得这样孩子会生病，不妨把"你穿这么少，回头冻病了又得我照顾你，赶快换了去"这类的话，换成"你要是穿这个出去，那我也得和你一样才行。咱俩看看谁穿得最少？"

4 运用"肯定式教养"引导叛逆男孩

有心理学家曾说过："否定常常是以一种爱，去摧毁另一种爱。"在孩子幼小的时候，父母不断地否定会摧毁他的自信心，让他变得自卑、懦弱。

当男孩进入青春期，他整个人就如同一个行走的"小火药桶"随时会爆炸，变得敏感、暴躁，他会被父母的否定激怒，和父母对着干。他会下意识地认为：反正我做什么在爸爸、妈妈眼中都不对，那么我就索性错到底好了。

青春期的男孩对自己的期许比较高，他们急于发现自己的优点来证明自己，这时候他们更需要的是肯定和鼓励。

"肯定式教育"其实就是正面教育。在教育孩子的过程中，越来越多的育儿专家建议使用正面教育，在生活中对孩子多一些鼓励和支持，激发孩子内心的动力。

心理学上有一种现象叫作"阿伦森效应"，它表明了人们对于奖励、赞扬或喜欢程度的变化反应。简单来说，人们大多喜欢那些对自己表示出喜爱、赞赏和鼓励的人，反之则会受到人们的厌恶。之所以这样，是因为挫折感在作怪。一次小的挫折，还可以承受。可是，当褒奖逐渐被贬低所替代，挫折感就会逐渐增大，这样很容易引起不满和愤怒。

阿伦森效应来自一个实验。将实验人员分为四组，每组对某一个人进行不同的评价，第一组始终对此人褒扬有加，第二组则始终贬损否定，第三组先褒后贬，第四组先贬后褒。经过数十次实验后，大多数人对第四组最有好感，对第三组最为反感。这个实验揭示了外界的评价会如何影响我们的行为和表现。

相对于"否定式教育"，"肯定式教育"则是一种正面教育。在教育理念上，它和否定式教育完全相反。肯定式教育是肯定孩子身上的优点，发挥孩子的长处，从而让优点更加突出，孩子自然会更优秀。那么，这两种教育方式还有些什么区别呢？

肯定式教育和否定式教育的区别

	肯定式教育	否定式教育
理念基础	相信孩子想要变得优秀 相信孩子具备自我纠正能力 父母不需要监督、控制孩子	认为孩子只会享乐 认为孩子无法改正自己的问题 父母有必要监督、控制孩子
对待孩子的态度	信任孩子	不信任孩子
关注点	孩子的优点、长处	孩子的缺点、问题
教育方式	肯定、表扬 帮助孩子解决问题	监督、控制 批评、指责
结果	增强孩子的自尊、自信 受到孩子的欢迎 孩子把父母当朋友	打击孩子的自尊、自信 无法赢得孩子的配合 孩子更加叛逆
教育的出发点	以孩子为中心	以父母为中心
教育的难易程度	一开始比较难 后面越来越轻松	一开始很容易 随着孩子长大，越来越难
看待问题的思维	整体思维，从整体角度来解决问题 用发展的眼光看孩子	局部思维，孤立地看待孩子的问题 固化思维，认为孩子有问题

简单来说，肯定式教育就是放大优点，忽略缺点。

一直以来，我们采取的否定式教育来源于"木桶效应"，也叫"短板效应"，说的是木桶能装多少水取决于最短的那块木板。遵循这个理念，父母坚持的是哪里不足补哪里，从而使得缺点变少。但事实上，优秀的人并不是没有缺点，只是他们的优点更加突出罢了。

那么，肯定式教育是通过什么来保证效果的呢？

肯定式教育从本质上来说，是激发孩子的内驱力来实现教育孩子的目的。任何人都希望能够受到尊重和认可，也会本能地去追求优越感和成就感，孩子也不例外。当孩子受到表扬，满足了他的优越感和成就感，孩子的积极性就会被调动出来，不需要父母监督就能自我激励。

肯定式教育更加聚焦于孩子的优点，父母经常鼓励、表扬孩子，孩子也会更加认为自己是优秀的，于是就会用优秀的标准来要求自己。这相当于让教育进入了一个良性循环中，不仅孩子变得更优秀，亲子关系也更融洽，孩子更愿意和父母沟通。

那么，父母要怎样做才能对孩子进行肯定式教育呢？

指出并表扬孩子的优点

想要教育孩子的时候，要先找一找孩子身上的优点和长处，找一找孩子最近表现得好的地方，肯定孩子，并且表扬这些优秀的地方。可能孩子自己没有发现，但是父母要帮助孩子发现，给孩子以动力，让他体验到成就感和价值感。充满自信，孩子才能有前进的动力。

提出可以改进和提升的地方

指出孩子的优点，是为了营造一种积极的氛围，方便在后面指出孩子的不足之处，或是可以改进和提升的方面。在指出孩子问题的时候，语气和态度要委婉一些。过于激烈的话语会引起孩子的反感，导致前功尽弃。提出意见时，还要注意不要给孩子太大压力。

以鼓励和认可结束

结束谈话的时候，可以再说几句鼓励和认可的话，或是提出帮助孩子提升的方法以供参考。总之，谈话要在父母的关爱中结束，才能让孩子保持愉悦的心情，随后更积极地去展开行动，修正错误，提升自己。

5 爱的陪伴，是良好沟通的基础

作家饶雪漫说过："陪伴是对孩子最好的教育，教育不过是不同方式的陪伴。"父母都是爱孩子的，不过很多父母常常觉得物质条件是孩子成长必需的东西，事实上并非如此。对孩子来说，父母的陪伴，才是最好的爱。

青春期是男孩走向成熟的必经之路，但也是男孩最叛逆的时期，父母想要陪伴孩子安全地度过这个阶段，科学地和孩子相处，需要了解一下"马斯洛需求层次理论"。

在马斯洛创立的需求层次理论中，人们的需求有着先后和强弱顺序，从低到高可以分为：

①生理需求：人维持生存状态的最基本需求，像吃、喝、睡眠、休息等。

②安全需求：人对安全感的需求。只有感到身边环境稳定、安全，人才不会过分焦虑和恐惧。

③归属和爱的需求：人对归属感和爱的需求，被集体和他人接纳、认可、关爱、尊重、支持等。

④尊重需求：人能够得到别人的尊重，也有自我尊重的能力。

⑤自我实现需求：人渴望发挥自身价值，实现个人价值，达到成功的目标。

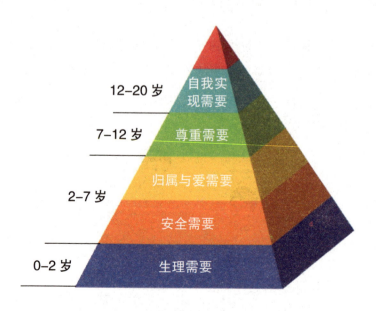

马斯洛的需求层次理论在不同年龄段的孩子身上也有着不同的体现。孩子刚刚降生时，最大的需求就是生理需求。而当孩子逐渐长大，安全需求就会逐渐增大。上学后，孩子对于尊重的需求就日益增长起来。到了青春期阶段，孩子在生理和安全方面的需求降得很低，尊重需求却变得十分强烈。

既然孩子在成年之前每个年龄段的需求不同，那么父母在陪伴孩子时，也要根据孩子不同的年龄阶段，使用不同的方式来陪伴孩子。

孩子在不同年龄阶段父母的陪伴方式

年龄阶段	陪伴方式	具体做法
0—3岁启蒙阶段	亲密的爱	拥抱、轻抚、微笑，陪他说话，读绘本、玩游戏等
4—6岁童稚阶段	引导和探索	耐心回答孩子的问题 不要粗暴地训斥孩子
7—12岁成长阶段	欣赏和规矩	理解孩子的想法 了解孩子的需求 欣赏孩子的优点 为孩子立规矩
13—18岁青春期阶段	沟通和尊重	尊重孩子 多聊天谈心 了解孩子的问题 一起去面对和解决问题

当男孩进入青春期，他们在生活上开始独立，在学校里有了同学和朋友，喜欢沉浸在自己的世界，甚至开始排斥父母。于是，一些父母误以为孩子不再需要自己的陪伴。但实际上，他们仍然希望父母能够陪伴、关爱他们。

对于青春期的男孩，父母的陪伴不仅不应该减少，相反还应该增多。因为随着孩子生理和心理上的加速变化，他的问题会越来越多，情感会更脆弱，孤独感也会增加。如果不和父母保持频繁的交流和互动，孩子会变得封闭内向、沉默寡言。

陪伴青春期的孩子，重要的是内容而不是形式，也就是说，父母和孩子在一起，只需要做双方都喜欢的事情就可以。无论是一起运动，还是一起郊游，哪怕是一起买菜、做饭，一起串门，只要孩子喜欢，就可以一起去做。

很多父母在陪伴孩子时，明明用了很多时间，却还是无法建立良好的亲子关系。那么，父母在陪伴孩子的过程中需要注意些什么呢？

用心回应

陪伴孩子的时候要用心，一定要全神贯注、积极回应，不要一边陪伴，一边做别的事情。特别是当孩子提问的时候，不要随便应付，当孩子想讨论的时候，也不要随意敷衍。缺乏沟通和互动的陪伴，往往是无效的。孩子很敏感，他们能感受到父母的敷衍和应付。

保持耐心

陪伴孩子需要耐心。和孩子一起做事情时，不要表现出不耐烦和无聊的情绪。父母心情不好的时候，要注意控制自己的情绪，不要把自己的负面情绪转移到孩子身上。父母动不动就发脾气，会让孩子失去表达自己的勇气。发脾气是一种情绪暴力，会给孩子带来很大的伤害。

放平心态

陪伴孩子的时候，不应该有太强的目的性。放平心态，才能享受陪伴的过程，得到好的结果。珍惜陪伴孩子的时间，才能走进孩子的内心世界。否则，给孩子太多压力，他们会无所适从。

以身作则

比起高高在上的压迫和命令，更有作用的是父母的言传身教。陪伴孩子的过程中，父母做好自己，就能给孩子树立一个良好的榜样。孩子看到父母能做到，会相信自己努力也能做到，这比讲再多的道理都好。

第八章

不回避性教育，大方和男孩谈性

1 给男孩的性教育，爸爸教还是妈妈教

男孩进入青春期后，随着生殖系统逐渐发育成熟，会产生明显的性意识，对性产生强烈的好奇心，开始渴望接近和接触异性。教育专家认为，青春期是很重要的性教育期。

一般来说，由爸爸来给男孩进行性教育的情况比较多。这主要是因为相比妈妈，爸爸在身体结构和生理反应上面具有先天的优势，能更好地和男孩交流。而且爸爸也同样经历过青春期，在交流时和男孩更容易产生共鸣，还可以从男性的角度给孩子提供一些帮助。

尽管爸爸在男孩的性教育上具有性别优势，但是男孩的性教育

并不专属于爸爸，妈妈也可以参与进来，给男孩提供不同于爸爸的观点和经验，让孩子对性有一个全面的了解。

不过，要给青春期的男孩进行性教育，很多爸爸、妈妈，都会感到难以启齿，结果要么讳莫如深，要么避而不谈，要么就是给出了错误的性知识。

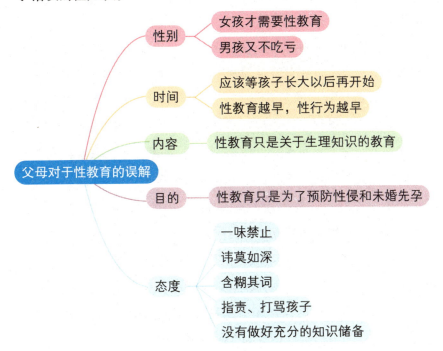

关于性别误区：性教育是为了传递正确的价值观和知识，无论女孩还是男孩，都应该接受性教育。

关于时间误区：有调查显示性教育越成熟的国家，青少年偷尝禁果年龄越晚，这说明实施性教育对推迟青少年性行为的时间有一定的作用。

关于内容误区：性教育并不仅是性行为教育，它还包括性生理教育、性心理教育、性道德教育、性法制教育、性卫生教育、性安全教育、性审美教育。

关于态度误区：如果父母不和男孩谈，他们就会自己想办法去了解。假如受到不良信息的误导，他们很可能会过早地尝试性行为，给自己和别人带来伤害。

性教育是一个循序渐进的过程，应该长期、持续地展开，而不是只在某个固定的阶段进行。在孩子的成长过程中，性教育有五个关键时期。

第一个关键期：口欲期，孩子在3个月—1岁半左右时，什么都喜欢往嘴里放，以此获得性满足。这时应加强和孩子的身体接触。

第二个关键期：朦胧期，从1—2岁开始，孩子会注意男女身体上的区别。可以根据孩子的理解力，向他介绍身体各部位的功能。

第三个关键期：性蕾期。2—4岁时，要教孩子正确对待自己的生殖器官，让孩子明白这些部位不应该暴露出来。

第四个关键期：依恋期。孩子在4—6岁时，最好的性教育是给孩子一个温馨快乐的家庭环境。

第五个关键期：潜隐期。6—12岁时，孩子的性心理比较平静。在这期间坦然地和孩子谈论性，是最合适的性教育方式。

男孩进入青春期后，性需求和好奇心都逐渐增强。那么，要如何对这个时期的男孩进行正确的性教育呢？

选择合适的时机

和孩子聊性话题最合适的时机，其实是在孩子出现生理变化或心理变化之前，让他们对青春期提前有一个正确的认识和准备。避开孩子心情不好的时候，避免引起他们的反感和抵触。

性学家黛布拉·哈夫纳表示，并不需要很正式、很严肃地和孩子谈论性话题。日常生活中的各种时机都可以利用起来。在这些时刻，父母可以一步一步地和孩子就相关问题进行讨论。比如，在观看了有暧昧情节的影视剧后，父母可以就性话题和孩子进行讨论，让孩子知道性不只是关于生孩子。

准备性教育书籍

如果你不知道该怎么和孩子聊性话题，那就用书代替吧。父母可以为孩子挑选一些合适的性教育相关书籍，帮他们了解自己的身体，学习相关性知识。

儿子，送你一本书，恭喜你长大了！

谢谢，爸爸。

有一位爸爸在孩子刚进入青春期的时候，就提前给他购买了一些适合他这个年龄段阅读的书籍。在把书交给孩子的时候，爸爸和孩子说："儿子，你现在已经是大男孩了，很多知识都需要了解一下。你可以看看这几本书，如果有不明白的地方可以问爸爸。"孩子欣然接受。

选择这类书籍，可以遵循从简单到复杂、从生理到心理、从基础到进阶的原则，尽量涵盖到性教育方面的各种知识和问题。孩子阅读这些书籍后，可以了解自己身体的发育过程及产生的变化，了解性别和性取向、爱情和性欲的区别，知道尊重与责任等。

父母可以表现得不完美

和孩子聊性话题，父母感到不好意思和尴尬，这是很正常的反应。让孩子知道父母很尴尬或不知道怎么说，这不会有损父母的颜面。所以，父母没有必要让自己表现得很完美。如果父母感觉尴尬，美国教育家黛拉布·麦耶建议说："我承认和你讨论这个问题让我有些不好意思。我的父母从未与我讨论过性行为。但这是很重要的事情，我希望我们能够公开谈论它。"

2 性意识觉醒，巧妙化解

当男孩进入青春期，首先身体上会发生变化。当他们的性机能发育趋于成熟的时候，性意识就自然而然地觉醒，心理随即也会发生微妙的变化。

一般来说，孩子的性意识是从青春期开始的，青春期何时开始主要取决于大脑中的下丘脑——性腺轴功能的启动时间。因此，男孩什么时候进入青春期，什么时候开始有性意识，这个并不能一概而论，而是与个人体质、遗传和发育情况等有关。通常来讲，男孩的青春期要比女孩的晚1—2年，大约在12—14岁左右。

男孩进入青春期后，身体会出现第二性征，比如，声音变粗、喉结增大、身高增长、胡须、腋毛生长、出现阴毛等，睾丸、阴茎等性器官也会逐渐成熟。性意识也在此时逐渐觉醒。他们对异性的兴趣逐渐浓厚起来，渴望了解并关注周围的异性。他们还会主动接近异性，极力表现自己，希望引起对方的注意。

青春期男孩的性发育是逐步完成的，他们的性心理变化也是逐步发展的。一般来说，青春期男孩性意识的发展可以分为以下四个阶段。在这四个阶段，男孩的表现有着比较明显的特点。

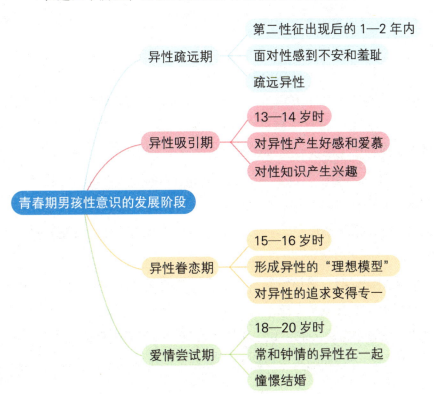

异性疏远期
　第二性征出现后的 1—2 年内
　面对性感到不安和羞耻
　疏远异性

异性吸引期
　13—14 岁时
　对异性产生好感和爱慕
　对性知识产生兴趣

青春期男孩性意识的发展阶段

异性眷恋期
　15—16 岁时
　形成异性的"理想模型"
　对异性的追求变得专一

爱情尝试期
　18—20 岁时
　常和钟情的异性在一起
　憧憬结婚

异性疏远期：也叫性反感期。在青春期初期，男孩对两性差别特别敏感，不愿意接触女生，对女生的态度很冷漠。不过，随着性成熟的普遍提前，现在男孩们的异性疏远期也随之提前了，而且时间越来越短。

异性吸引期：男孩渴望了解和接触异性，他们会凑在一起对异性评头论足，设法接近异性，表现自己。这时的他们还分不清好感、爱情和友情。

初二男生浩博放暑假时，在同学家里看了一部成人影片，画面几乎没有遮挡。他知道不应该看，可还是忍不住好奇。看完后，他不由得兴奋，接着又后悔起来，发誓再也不看了。

可是从此以后，他总会时不时地想起影片的内容。而且，看到女同学时，他会忍不住兴奋。他特别害怕，也不知道自己怎么了，觉得自己学坏了，是个坏孩子。他每天忧心忡忡，学习成绩越来越差。

这个阶段的男孩出现类似的性幻想，是源于他们对性的憧憬和想象，这其实是他们走向成熟的标志。不过，假如男孩没有接受过科学的性教育，就会为自己"变坏"而焦虑，并产生内疚和悔恨，严重时还会产生恐惧心理，轻则影响学习，重则影响身心健康。

异性眷恋期：男孩对异性的好感从群体转向个人，他们会对和自己年龄相当的女孩产生兴趣和依恋。不过，这时他们的自我意识比较强，情绪不稳定，和女孩交往时容易出现冲突，引发争吵和绝交。

爱情尝试期：男孩成年后对恋爱、婚姻十分向往。他们对其他异性的关注度会减少，感情常常集中在一个异性身上，喜欢和情投意合的女孩单独在一起，这个阶段会逐渐产生和形成真正的爱情。

男孩在青春期的每个阶段都有着特定的生理和心理特征，父母了解这些知识可以更好地理解和帮助他们成长。

青春期男孩身心变化的发展是跳跃式的，他们对于两性关系还处在似懂非懂的状态，常常会造成心理上的焦虑、困惑和苦恼。

一般来说，男孩会在11—15岁左右进入性朦胧期，这体现在他们对性知识有了强烈的好奇，开始关注身边伙伴的发育变化，特别想要知道自己的发育是否正常。比如，他们会有意识地通过各种网络、书刊等途径来查找性知识，并暗中与他人进行比较。同时，性意识带来的生理上的变化，也会给他们带来一定的困惑，包括性幻想和自慰。

关于性幻想。一些男孩会因为产生了与性有关的想象，而感到羞耻和无地自容。事实上，性不过是人最为普通的需求，性幻想也只是人们众多欲望和幻想中的一种。男孩进入青春期后开始产生性幻想，是正常的现象，完全没有必要为此自责。

如果性幻想只是偶尔出现，没有占据日常生活的大量时间，并且没有对男孩的生活和学习带来负面影响，那么就不需要过于在意。当男孩对性幻想存在误解、恐惧时，我们要教男孩如何正确对待性幻想。

自我暗示法：当男孩出现性幻想时，可以对自己暗示："我正处于青春期，有这个想法很正常，接下来看会儿书吧。"让男孩不要过分纠缠于自己的性幻想，同时进行适当的自我控制而不是过分抑制，从而减轻性幻想对自己的影响。

情境变换法：有时候改变一下情境能够调节人的情绪，比如，在发呆走神时产生了性幻想，可以出去散散步、和朋友聊会儿天等。

想象放松法：这个方法要求男孩在一个安静的环境中，以最舒服的姿势待着，闭上眼睛，用鼻子深呼吸。想象自己在最喜欢的场景中，自己感到舒适、平静和放松。想象结束的时候，安静地坐一会儿，进行缓慢深呼吸，再睁开眼睛。这种定期的放松可以缓解性幻想带来的困扰。

关于自慰。男孩在青春期都可能经历性压抑，而自慰是一种私密的、自我满足的性行为，它有助于减轻性欲的累积和压抑，对身心的放松有积极的作用。也就是说，适度、适当、适时的自慰与道德无关，只是满足自己生理需求，没有想象中的那么可怕，也不必如临大敌。

不过，过度自慰仍然可能会给男孩的身体健康，带来一系列的负面影响。

①生殖系统炎症

过度自慰可能会导致生殖系统受到损伤，诱发龟头炎、前列腺炎等疾病。

②性功能减弱

过度自慰会频繁刺激龟头，使龟头过于敏感，从而减弱性能力和性快感，进而影响性功能。

③身体疲劳和乏力

过度自慰可能会因体力和精力消耗过多，而使身体产生疲劳和乏力感，有时还会出现精神萎靡、记忆力减退等各种反应。

当我们发现孩子自慰时，切忌对孩子粗暴打骂以及强行制止，更不要用不道德或者羞耻的标准来衡量孩子。这样的做法不仅不会减轻孩子自慰的现象，相反地，可能使他们更加焦虑，甚至产生负罪感，出现自卑、抑郁的情况。而且这种负面感受，可能会影响男孩一生。

有性治疗师说，许多需要治疗性功能方面问题的成年人，往往在儿童时期有过被警告绝不可抚摸隐私部位或曾因抚摸隐私部位而被惩罚的经验。当发现孩子有自慰的行为时，我们首先要正确地教育和引导孩子,让他们明白自慰前后要注意生理卫生,对生殖器进行清洗,保持手部和阴茎清洁,避免受到细菌感染,引发炎症。

另外,要督促孩子保持良好的作息,多进行一些户外活动,消耗多余的精力。另外,形成稳定的睡眠习惯,不要赖床,以免在没有睡意时产生性幻想,不由自主地发生自慰的行为。

青春期的男孩在出现性意识后,会产生很多性困惑。这种困惑更多是对自身性心理变化、性生理变化产生的好奇和探索。这个时候,父母与其刻意回避,不如引导孩子坦然面对。

那么,青春期男孩产生性困惑时,父母应该如何应对呢?

鼓励孩子倾诉烦恼

鼓励孩子在有性困惑和烦恼时,向父母倾诉内心的想法,减轻心理压力。在沟通时,父母可以告诉孩子,很多和他差不多大的孩子都会产生这种困扰,这是每个人都必须要经历的时期,无需为此烦恼。

转移注意力

适当地做些体育运动,比如跑步、打球、跳绳等,或是做些孩子喜欢的其他的事情,比如和同学、朋友适当的社交,参加课余活动等,既能充实孩子的业余生活,让他保持心情愉悦和良好的心态,又能转移注意力。

心理治疗

如果孩子的情况比较严重，长期发展下去会影响学习和生活。可以带孩子前往正规医院，由专业的医生进行诊断，通过心理疏导的方式进行治疗，比如，通过认知疗法、行为疗法等方式进行疏导治疗。

3 别再让男孩从不良渠道了解性

男孩进入青春期，随着性意识的萌发，开始体验性冲动的感觉，这是一种原始的本能，没有对错。此时，正确的性教育引导，有助于男孩在成年后获得幸福的亲密关系。

而给青春期的男孩的性教育，明显和幼儿时期的性启蒙不同。因为十几岁的男孩绝对不可以随便糊弄，如果父母在性教育的过程中模棱两可，吞吞吐吐，那只会让他觉得性很神秘，从而去别的渠道了解性。所以，给青春期男孩的性教育，最好简单、直接、不回避。

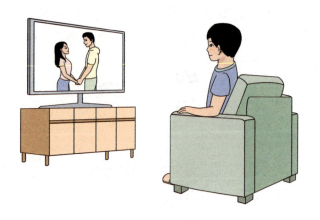

一次，上五年级的儿子回到家，问妈妈："书上说，怀孕是男人

的精子和女人的卵子的结合，那男人是怎么把精子放到女人肚子里的？是通过亲嘴吗？"

妈妈想，反正这个事早晚都得告诉儿子，与其遮掩，不如直言相告，就坦然地说："是性行为。"她接着补充说："男人和女人拉手、亲嘴，都不会让女人怀孕，只有性行为会让女人怀孕。"

妈妈说完，以为这事就算了结了，刚想松口气，没想到儿子想了一下，又问："那什么是性行为？"

妈妈稍微犹豫了一下，想到：晚告诉不如早告诉，别人告诉不如我来告诉。于是，她心一横，实话实说："性行为就是男人的性器官进入女人的性器官，男人会把很多很多精子放进去，这些精子会赛跑，最强壮、跑得最快的那个与女人的卵细胞结合，然后生命就诞生了。"

儿子显然对妈妈的回答很满意，又问："那女人和男人进行一次性行为就会产生一个孩子吗？"

"不会。不是每一次性行为都会让女人怀孕，因为女人一个月才排一颗卵子，只有在女人排卵的时候进行性行为，女人才有机会怀孕。"妈妈这时候已经在心里克服了最初的尴尬，和儿子交流起来没有了心理障碍。

假如男孩的性启蒙是看影片，却没有人给他们进行正确的性教育，那么影片带来的流毒不仅会影响他们的青少年时期，甚至还会给他们今后的人生带来很大的影响。

多项调查结果显示，我国青少年性成熟相比上世纪五六十年代有明显的提前。认知心理学认为，原因是各种渠道性信息大量增加，它刺激青春期男孩的大脑和生殖腺体，提早催熟了性生理的"种子"，也必然催动性心理的发展。

有专家表示，如果任由青春期男孩从那些非正规渠道中去了解性知识、学习"如何去爱"，他们在爱情和性上面就会陷入盲目。青春期是生长发育和性发育的关键时期，这一时期的男孩需要正确的性教育。

　　正确的性教育，不仅是生理知识、卫生知识，还包括男女交往的界限、如何自我保护、如何为他人负责、如何对不合理要求说"不"、如何遵循自己的内心等。性教育不仅是与"性"有关的教育，更是一种生命教育。

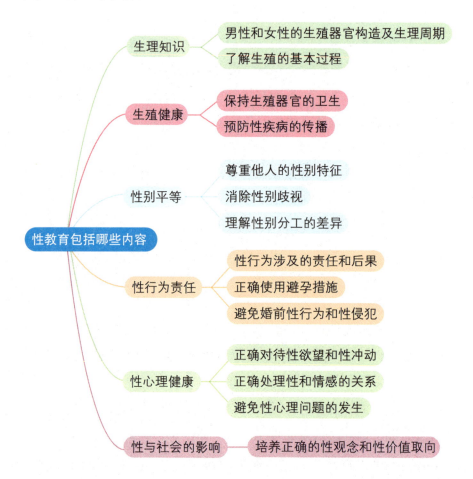

　　青春期的男孩对于性懵懵懂懂，这个时候正确的性教育会帮助和影响他的一生。正确的性教育不仅可以帮男孩正确认识身体发育

的过程，建立正确的性观念，也可以让男孩了解更多关于性健康、性犯罪的相关知识，有效减少对性的错误认知。

那么，父母该如何给予青春期男孩正确的性教育呢？

理解孩子的行为

看到孩子从网络等渠道了解性时，父母不要大惊小怪，也不要火冒三丈。孩子会这么做，说明他们已经对性产生好奇和需求。理性地对他们表示自己的理解，冷静地倾听他们这样做的原因，然后再明确地表示自己不希望他们这样做，更不希望他们从中模仿。

告诉孩子成人影片的真相

成人影片的情节纯属虚构，都是演员在表演。这类影片只是为了引起观者的猎奇。这些影片是供成年人观看的，但不是所有成年人都会看。制作它们的目的是为了牟利，但是在我国制作和传播成人图片、视频、影片等属于违法行为。

和孩子谈论真实的爱情和性

告诉孩子，任何人都是有尊严的，不应该被强迫。在现实生活中，女性并不喜欢被强迫和受到暴力对待。性行为中并不包括暴力和强迫行为。真实的两性关系中，相爱的人不会做影片中的那些事，因为他们会彼此尊重。真实的性是温柔、美好的，它的目的是为了表达爱，有爱才能够有性。

避免孩子接触不良信息

在电脑上安装绿色上网的过滤软件，避免孩子被动接受网络上的少儿不宜图片和影片等。这类软件还可以阻止孩子登录各种不良网站。在孩子使用手机的时候，将手机设置为"学生模式"。另外，在孩子使用过网络后，可以查看浏览器中的历史记录，及时了解孩子上网的情况。

4 当男孩有了女朋友，如何与他聊"成人话题"

"生女孩就是操心，总担心她吃亏。""反正我们是男孩，怎么都吃不了亏。"这些话是不是很熟悉？很多父母觉得女孩才需要性教育，因为怀孕、流产的风险都由女孩承担。

事实上，男孩和女孩一样需要性教育。男孩早晚会成为男人，成为别人的丈夫，成为父亲。如果他们没有和异性相处的经验，也不知道自己想要什么样的伴侣，更不知道该怎样选择伴侣，那么等他们进入大学或开始工作后，再去催促他们结婚，就会出现很多问题。

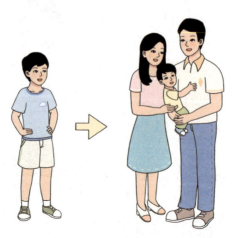

真正和谐的两性关系是平等的，双方都有义务爱护对方，为一段关系负责。但如今的社会事实是，不管是性暴力、家庭暴力、还是精神暴力，会时有发生。

实际上真正和谐的两性关系是建立在相互尊重、理解、信任、支持和平等沟通的基础之上的。这种关系能够促进双方的个人成长，增强情感联系，并在生活的各个方面带来积极的影响。

性教育不仅仅是告诫女孩不要穿着太暴露、不要一个人走夜路，更应该教育男孩对女孩要尊重、有礼。相比女孩，男孩更需要性教育，更需要健全的自我认知，更需要学习怎样去尊重异性，不须通过施加暴力来彰显自己的力量。

在青春期，男孩比女孩更容易出现性冲动。这种冲动不一定必须由感官刺激产生，也可能是自发的。

青春期男生的性冲动会有如下表现。

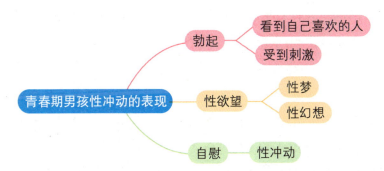

通常情况下，男孩到了青春期，睾丸可以产生精子的时候，就具有了生育能力。这是因为男孩的睾丸在青春期后开始发育，制造出精子，随之男孩会出现遗精现象，这是他们性成熟的标志。

不过每个男孩的身体发育情况不同，具体的时间也要因人而异，可能会出现提前或延后的情况。大部分男孩会在 15 岁左右性成熟。有的孩子会略微早一点，在 12—13 岁时就有遗精的情况，而有的孩子会略晚一点，可能在 16—17 岁左右。

在感情萌动的情况下，青春期的少男、少女很容易做出"偷尝禁果"的行为。值得注意的是，过早地发生亲密行为，伤害的不只是女孩，对青春期的男孩也有着不容小觑的危害。

①过早发生性行为会损伤男孩的生殖器官。青春期的男孩身体还没有发育成熟。他们的生殖器官还处在发育阶段，局部的皮肤和黏膜还很娇嫩，很容易受到损伤。过早、过频繁地发生性行为，会导致出现尿频、尿痛、尿急等症状。

②发生性关系还会耽误学习。有的男孩和女孩发生亲密关系后，脑子里想的都是和女孩在一起时的情景，变得无心学习，只想和女朋友在一起，学习成绩直线下降。

③过早发生性行为容易诱发性犯罪。有的男孩在发生性行为后，容易沉迷于其中。当欲望无法满足时，为了释放性冲动，他们可能会做出违背道德或违反法律的行为。

不成熟的关系，对男孩、女孩都会带来一定程度的伤害。有研究显示，当感情出现问题，男孩比女孩更容易遭受到伤害。原因有以下两点。

①从心理角度来看，男孩在恋爱关系中通常扮演着保护者和照顾者的角色，这种定位会让他们在感情出现问题时，感到无力和失落，无法像女性那样迅速从失恋的阴影中走出来。

②从生理角度来看，男性的情感中枢相比女孩发育较晚，在情感表达方面比较弱。在感情出现问题时，他可能不会主动寻求帮助和支持，导致负面情绪累积，出现更多的焦虑、失落和沮丧。

有心理学研究者认为："从某种意义上说，青少年的恋爱关系是成年人亲密关系的训练场所，是一个学习如何管理强烈情绪、协商冲突、沟通需求和回应伴侣的最佳时机。"还有专家认为"与其说早恋，不如说是'早练'"。

当发现男孩有了喜欢的女生，甚至开始和女生交往，棒打鸳鸯只会适得其反，甚至引发悲剧。换个角度来看，这刚好是引导男孩学习如何与女生相处，培养恋爱能力的好时机。除了"禁止"，父母需要和孩子聊得还有很多。

给孩子打"预防针"

把恋爱可能出现的结果告诉孩子，可能有一天他们会分开，现在有多甜蜜，以后就有多痛苦，现在要做好心理准备，以免将来情绪崩溃而无法面对。孩子早恋还要做好面对舆论批评的准备。如果他选择恋爱，很可能会受到指责和反对，但既然选择了，就不能逃避这些压力。

确认约会安全的策略

父母要和孩子约定好交往的规则，比如选择安全的场所，提前告知父母约会地点，外出发信息、拍照、用视频通话报平安，教孩子遵守社交礼仪，不要在公共场合太过亲密。如果可以的话，最好邀请对方来家里做客。

告知行为底线

在交往时要尊重自己和对方的身体，不要发生性行为。告诉孩子不能进行性行为，是因为他们目前还没做好生理和心理上的准备，也没有保护自己的能力。一旦发生性行为，有可能因为意外怀孕、性病传播等问题影响自身健康和学习。

教给孩子避孕的知识

男孩总有一天要成为一个男人，避孕的知识晚教不如早教。给孩子介绍一些常见的避孕方法，比如避孕药、安全套等，并且告诉他们这些方法各自的优缺点和使用中的注意事项，便于他们更加方便地选择适合自己的产品。必要的话，还可以让孩子亲眼看看这些避孕用品。父母还要告诉孩子，避孕用品不只是用来避孕的，它们还有防止性疾病传播的作用，所以做好避孕措施是很重要的事情。